[増補版]

維新政治の本質

組織化されたポピュリズムの虚像と実像

冨田宏治

増補版刊行にあたって

旧版の在庫切れの連絡があけび書房からあったのは、2023年10月のことであった。本書を多数の方々に手にとっていただけたということは、もちろんたいへん嬉しいことではあったのだが、他方では、国政選挙や統一地方選挙を重ねる度に、「維新」の〝躍進〟がくり返され、そのことに危機感を抱く方々がそれだけ増えてきているのだという事実に複雑な思いを禁じ得なかった。

大阪における「維新政治」との対峙は、すでに十数年に及んでいる。この異常な政治勢力の伸長を大阪の地に何としても押しとどめ、決して他の地に漏れ出させてはならないという一心で闘ってきたものの、残念ながら、「維新」は確実に京阪奈地域を浸食し、東京や神奈川にまで触手を伸ばそうとしている。本書が多くの方々の手に取られるということは、大阪における私たちの闘いがそれだけ功を奏していないという証左でもあろう。本書の拡がりを手放しで喜べない所以である。

自らの非力を痛感しつつも、「維新政治」の異様な本質について、一層広範な人びとに向けて警鐘を鳴らしつづけなければならないという使命感を新たに、本書の増補版を刊行することとした次第である。

増補版には、2023年4月に行われた統一地方選挙における「維新」〝躍進〟の虚像と実像に迫ろうと試みた2編を補論として加えた。「維新」の全国的〝躍進〟というメディアが作り出した虚像と、見事なまでの票割りを行なうことによって得票数の大きな増加なくして大幅な議席増を勝ち取った「維新」の組織的力量の実像とをそこに読み取っていただければ幸いである。

大阪の地を越え出て、いまや京阪奈地域においても「モンスター的集票マシーン」へと変貌しつつある「維新」の勢いを止めるためにも、東京や神奈川、そして福岡などにおいて「維新」が「モンスター的集票マシーン」へと化けることを許さないためにも、①「反維新」勢力の一本化によって、できる限り1対1の構図にもちこむこと、②「維新」の固定的組織票を無力化するために、投票率を大きく引き上げることが必須であるという筆者の主張は終始一貫したものであり、今回の統一地方選を経た現時点でもまったく変更の必要を感じていない。

しかし、それがいかに困難な課題なのかもこの間の敗北経験の積み重ねを通して痛感している。本書でも触れた2021年参議院選挙の大阪選挙区（定数4）、兵庫選挙区（定数3）での立憲野党の候補者一本化も実現せず、両選挙区とも立憲野党の議席はゼロにとどまった。大阪府知事選でも反維新候補の一本化は実現することなく吉村知事の圧勝を許した。

他方、候補者一本化に成功した大阪市長選とそれにつづく堺市長選は、低投票率という壁の前に、北野妙子さんと野村友昭さんは一敗地に塗れた。とりわけ、前回は13万7862票対12万3771票と大接戦に持ち込み、今回こそはと期待された堺市長選の結果は、野村候補の4

年間の準備と堺市民1000人委員会の継続的活動があったにもかかわらず、13万9295票対8万8077票という大差での敗北に終わったのである。ひとえに34・12％という低投票率によるものであった。維新は14万票弱という固定票を確実に固め（2013年：14万0569票、2017年：13万9301票、2019年：13万7862票、2023年：13万9295票）、投票率が下がった分だけ野村さんの票は減ったのである。いかにすればこの低投票率を克服することができるのか、ひきつづき私たちに突きつけられた未解決の課題である。

それにもかかわらず、①候補者の一本化と②投票率の引き上げ、「維新」のような「モンスター的集票マシーン」と対峙するにはこれ以外の方法はあるまい。それは、来るべき衆議院総選挙でも変わることなく、反維新勢力が追求すべき課題でありつづけよう。この点について筆者の考えに変わるところは何もない。それが「維新政治の本質」を見据えつづけた本書の揺るぎなき結論だからである。

2023年11月　　著者記す

はじめに

維新政治の本質——その支持層についての一考察

「自業自得の人工透析患者なんて、全員実費負担にさせよ！　無理だと泣くならそのまま殺せ！　今のシステムは日本を亡ぼすだけだ‼」

維新政治の本質について考察する本書の冒頭に、長谷川豊氏のこのおぞましくも衝撃的な発言を掲げることにしましょう。長谷川氏といえば、フジテレビの局アナからフリーランスになり、この発言を表題に掲げたブログ記事（２０１６年９月19日付）の炎上をきっかけにテレビの世界から姿を消しました。しかし翌２０１７年10月、衆議院議員総選挙に日本維新の会の公認候補として、千葉１区および比例南関東ブロックから立候補し、みじめな敗北を喫したことは記憶に新しいところです。

本書の冒頭になぜこの発言なのか。それは言うまでもなく、「人工透析患者を殺せ」というこのおぞましい発言こそが、維新政治の本質を何よりも雄弁に物語っているからです。千葉1区では、1万5000票余りの得票で供託金没収に終わった長谷川氏でしたが、大阪をはじめ各地の多くの維新支持者がこの発言に喝采を送ったことは間違いありません。長谷川氏が大阪府内の選挙区に立っていれば、当選していた可能性も否定できません。いかなる人びとが、どのような思いから、このような発言に喝采を送り、このようなおぞましい発言をする人物を公認候補として押し立てる「維新の会」なる勢力を支持するのでしょうか。そしてその背景には、維新政治が跋扈する大阪という街のどのような現実が横たわっているのでしょうか。本書の課題は、このような問いに答えながら、維新政治の本質に迫っていくためのささやかな試みにほかなりません。

維新支持層のメンタリティー

最初に、冒頭に掲げた長谷川氏の発言を手掛かりに、こうした発言に喝采を送り、こうした人物を公認して憚らない「維新の会」を支持する維新支持層とは、いかなる人びとなのかについて考えてみたいと思います。

維新支持層については、橋下徹氏が自ら語った「ふわっとした民意」といったイメージや、ある種の都市伝説と化した「格差に喘ぐ若年貧困層」の支持という幻想が、いまだ払拭されきれていないように思います。しかし冒頭の長谷川発言からは、こうした発言に共感し、喝采を送る維新支持層の現実の姿が浮かび上がってくるのではないでしょうか。

そこに浮かび上がってくるのは、「格差に喘ぐ若年貧困層」などでは決してなく、税や社会保険などの公的負担への負担感を重く感じつつ、それに見合う公的サービスの恩恵を受けられない不満と、自分たちとは逆に公的負担を負うことなくもっぱら福祉、医療などの公的サービスの恩恵を受けている「貧乏人」や「年寄り」や「病人」への激しい怨嗟や憎悪に身を焦がす「勝ち組」・中堅サラリーマン層の姿にほかなりません。

彼らの思いを理念型的に描き出してみましょう。

彼らは、大阪都心のタワーマンションか郊外の戸建て住宅に暮らし、かなりの額の税金、社会保険料、介護保険料、年金などを負担しながら、医療、子育て、福祉などの公的サービスの恩恵を受ける機会は必ずしも多くありません。彼らは日頃からジョギング、アスレチック・ジムなどで体を鍛え、有機野菜や減塩レシピなど健康に留意した食生活を送っており、医療機関にお世話にならないよう自己管理を怠りません。ですから、飲酒や健康によくない食生活など自堕落な生活の果てに自己責任で病気になった「自業自得の人工透析患者」たちが、もっぱら自分たちの負担している健康保険によって保険診療を受け、実費負担を免れていることに強い不満と敵意、さらには怨嗟や憎悪すら抱いています。だいたい大阪の街の「地べた」にへばりつくように住んでいる、「年寄り」

「病人」「貧乏人」は、税金も、社会保険料も、介護保険料も、年金もほとんど負担することなく、もっぱら彼らの負担した税金、保険料、年金をシロアリのように食いつぶしつづけています。さらにそれを管理する公務員たちも、高給を取るばかりか、さまざまな無駄遣いや不正を働きながら、労働組合運動まで行なって、この食いつぶしに加担しています。少子高齢化による医療、福祉への公的負担の激増により国や府の財政危機が進むなか、このままでは日本は滅びかねません。そうしたなか、「身を切る改革」と「官から民へ」のスローガンを掲げ、自己責任と市場原理主義にしたがって、閉塞した現在のシステムを打ち壊そうとしてくれている「維新の会」は、自分たちが希望を託せる唯一無二の改革勢力にほかならない、といったようなところでしょうか。

こうして見てみると、「勝ち組」・中堅サラリーマン層が、長谷川氏のおぞましい発言に共感し、こうした人物を候補に担ぐ「維新の会」を熱烈に支持する感情も、(決して同意できないとしても)理解不能ではありません。長谷川氏のおぞましい発言は、「ふわっとした民意」とか「格差に喘ぐ若年貧困層」の現状打破への期待とか、いろいろと語られてきた維新支持層の実態が、こうした議論とはかなりかけ離れたものであることにあらためて光をあててくれたのではないかと思います。

こうした維新支持層の登場は、大阪における貧困と格差の拡大が、「勝ち組」・中堅サラリーマン層と「年寄り」「貧乏人」「病人」といった社会的弱者＝「負け組」とのあいだのあからさまな「分断」へと至っていることを表しているのです。

大阪における格差と「分断」

問題は、なぜもっぱら大阪の街において、このような感情をもった維新支持層が多数現れるに至ったかということでしょう。

写真は、この点について、重要なヒントを与えてくれます。大阪市内に林立する高層タワーマンションとその真下の「地べた」にいまだ残存している木造長屋とのコントラストです。坪３００万円超の新築高層タワーマンションが即日完売するという大阪市内ですが、その足元には相変わらず長屋タイプの木造家屋が残され、そこには「年寄り」や「貧乏人」のささやかな

暮らしが現に営まれています。筆者の暮らす都島区では、都島自治体学校の取り組みのなかで、高層タワーマンションと木造長屋が隣接する地域では、下水道整備がおろそかにされているため、大雨が降ると「地べた」の長屋のトイレが逆噴射するという事態が報告されています。大阪の街では、小泉構造改革以来拡大しつづけてきた貧困と格差が、まさにこのような目に見えるかたちで展開しているのです。貧困と格差のコントラストをここまで明白に見ることのできる街は大阪以外にはないのかもしれません。

先に述べたように大阪市内の都心部では坪300万円超の高層タワーマンションが即日完売するそうです。しかしその一方で、深刻な貧困の実態も報告されています。とりわけ大阪府の子どもの貧困率は、2012年のデータに基づく山形大学・戸室健作准教授の分析によれば、21・8％（全国平均13・8％）と沖縄県につづいて全国ワースト2となっています。大阪府が2018年4月に発表した「子どもの生活に関する実態調査」の結果についての大阪社会保障推進協議会による分析からも、〝学校のない日に昼ご飯を食べられない子ども〟が全体の約20％に上っていることも報告されています（『子どもの貧困を考えるネットワークニュース』2018年2月号）。こうした子どもの貧困が、母子家庭の貧困をはじめ、大人の貧困の反映であることはいうまでもありません

子どもの貧困は、学校現場の荒廃や学力低下の問題にもつながっています。2018年春の全国学力テストの結果、大阪市が小中共に2年連続で政令市中の最下位になったのもその現れでしょう。吉村洋文市長は、この責任を現場教師に転嫁して、学力テストの結果を「校長や教員の人事評

価とボーナスに反映させる」との暴言を吐き、物議を醸しました。しかしこれは、大阪の子どもたちが抱えている貧困に由来するさまざまな困難に目を閉ざす物言いでしかありません。

問題は、こうした貧困と格差の拡大が、どうして維新支持層の感情に見られるような「分断」へとつながっているのかということでしょう。

その原因はいろいろと考えられると思いますが、もっとも大きな要因は、すでに見たような大阪特有の貧困と格差のコントラストでしょう。だれもが否応なく貧困と格差の存在を意識せざるを得ないような明白なコントラストが大阪の街を覆っているのです。高層タワーマンションや郊外の戸建て住宅に住む維新支持層は、日々、「地べた」に住む「年寄り」「貧乏人」「病人」の貧しい暮らしを目にし、さげすみのまなざしをもって見くだしています。しかし企業内外に展開する激しい生き残り競争にさらされている彼らは、一つ下手を打てば、文字通り「地べた」の生活に転落しかねない不安定さを抱えているのです。こうした不安定さと「負け組」へのさげすみが合いまったとき、社会的弱者への同情や共感ではなく、激しい敵意や憎悪が現れるのです。それは、米トランプ大統領を支持する白人労働者層が、黒人やヒスパニック、さらには移民に抱いているとされる排除と排斥の感情とも共通するものです。維新政治とトランプ政治を、「不寛容なポリュリズム」という本質を共有するものとして括ることのできる所以はここにあります。

そして維新支持層の多くは、大阪の街に必ずしも強い愛着を抱いているわけではなく、「地べた」に暮らす貧困層や高齢者層との間に地縁的な感情的絆をほとんど持ち合わせていないという点も指摘できるでしょう。痩せても枯れても日本第2の経済都市である大阪には、東京に本社を置く大企業の中堅サラリーマン層が全国から大量に赴任してきています。大阪の住民であるからといって、大阪の街に特別の愛着があるわけではないのです。大阪市の廃止をこそ本質とした「大阪都構想」は、「大阪市をなくさんといて！」という市民の声によって阻止されてきましたが、維新支持者にとって、「大阪市」はどうしても守り抜かれなければならないものではないのです。

最後に、こうした「勝ち組」・中堅サラリーマン層の感情を、希代のポピュリストというべき橋下徹氏が徹底的に煽り、怨嗟や憎悪へと転化させてしまったことも忘れてはならないでしょう。

分断の固定化

維新政治は、新自由主義的・市場原理主義的な政策を「身を切る改革」「官から民へ」のスローガンのもとで強行し、自らを生み出す条件となった大阪における貧困と格差をいっそう深刻化させてきました。また維新政治の一丁目一番地ともいうべき「大阪都構想」の住民投票も含め、府知事選、大阪市長選、堺市長選、その他の地方選、さらには衆参の国政選挙にくり返し挑むなかで、この「分断」を固定化し、維新支持層を強固に組織化してきたのです。この辺りの事情については、本書の他稿でも論じているとおりです。

さて、全国政党としての「日本維新の会」と「維新の党」は、「大阪維新の会」を中核としながら、「太陽の党」や「結の党」などとの合併・分裂をくり返しつつ、現在に至っています。その比例得票は、２０１２年衆院選で１２２６万票、13年参院選で６３６万票、14年衆院選で８３８万票、16年参院選で５１３万票、17年衆院選では３３９万票と軒並み減少し、全国政党としての衰退は目を覆いたくなるようなありさまになってしまいました。21年衆院総選挙では８０５万票を得て、失地を回復しつつあることは序章でも論じます。

しかし問題は、大阪における得票の推移です。２０１４年衆院選と17年衆院選との間には、市民と野党の共闘をめぐって大きな政治情勢の変化がありました。にもかかわらず、「維新の会」は大阪府内の各選挙区で、判で押したように同様な得票数をたたき出してきたのです。少なくとも大阪府下に関する限り、維新の支持は減退していません。それどころか、序章でも論じるように21年衆院総選挙では、その得票を大幅に増大させています。

政党間の配置の変化にもかかわらず、同様の得票をたたき出す。ここに維新政治が貧困と格差による「分断」を固定化し、「勝ち組」・中堅サラリーマン層を維新支持層として強固に組織化した実態が明確に姿を顕わしています。

大阪府下を中心に2百数十人にのぼる地方議員を擁し、彼らに毎日数百本の電話というノルマを課す。こうした「モンスター的集票マシン」と化した「維新の会」の下、維新支持層は組織化され、固定化されてきたのです。

維新政治の本質は、冒頭の長谷川氏のおぞましい発言に見られるような、「勝ち組」・中堅サラリーマン層の怨嗟と憎悪の感情を煽り立て、大阪の街に広がる貧困と格差を「分断」へと転化させ、それを固定化するものにほかなりませんでした。こうした維新政治といかにして対峙すべきかが問われています。

増補版　維新政治の本質　組織化されたポピュリズムの虚像と実像　●目次

序　章　「組織されたポピュリズム」の虚像と実像
――「大阪維新の会」の組織と活動

はじめに

筆者はこの間、「大阪維新の会」（以下「維新」と略す）の実態について、新自由主義的「改革」により、自らが絶望的なまでに拡大してきた貧困と格差を深刻な分断へと転化し、その分断を繰り返される選挙を通じて固定化・組織化することに成功したモンスター的集票マシーンにほかならないと論じてきました。すなわち「維新」を「風」まかせのポピュリストと見なすことは、こうした点での過小評価の危険を冒すものであり、その固定化され、組織化された勢力をリアルに認識したうえで対峙していくことが求められているということです。

「維新」の支持層は、巷間流布されているような「ふわっとした民意」とか「格差に喘ぎ、現状打破を求める若年貧困層」などでは決してありません。筆者が序章で論じたように、彼らは都心の高層タワーマンションや郊外の戸建て住宅に住む「勝ち組」意識を抱いた中堅サラリーマン層や自営上層の人びとなのです。

「維新」は「官から民へ」「身を切る改革」をスローガンに新自由主義的「改革」を声高に叫び、この間のコロナ禍で露わになったごとく、この10年で、医療、福祉、教育の破壊的とも言うべき「改革」を断行してきました。その一方で、「自業自得の人工透析患者なんて、全員実費負担にさせよ！　無理だと泣くならそのまま殺せ！　今のシステムは日本を亡ぼすだけだ‼」という長谷川豊氏（この発言によって批判を集めたにも関わらず、その後「維新」は彼を衆議院千葉1区の公認候補として擁立したのですが）の発言に典型的に見られるような煽りによって、税や社会保険料などの高負担とそれに見合う公的サービスを受けられないことへの不満や、自分たちが払った税金や保険料を喰い潰す「年寄り」や「病人」や「貧乏人」への怨嗟や憎悪の感情を掻き立てることによって、中堅サラリーマン層や自営上層の「勝ち組」意識に基づく社会的分断を意図的につくり出してきたのです。

そしてこの分断を固定化し、組織化することで、少なくとも大阪府下においては、極めて強固なモンスター的集票マシーンともいうべき存在へと成長してきたのです。周知のように２０２１年10月31日に投開票された衆院総選挙において、「維新」は大阪府下19の小選挙区のうち候補を立てた15選挙区の全てを制し、比例区でも全国で８０５万にのぼる得票を得て41議席を擁する勢力へと大きく「躍進」を遂げました。こうした「維新」の躍進は、果たしてこれまで筆者の論じてきた「維新」像に、何らかの根本的修正を迫るものと見なされるべきでしょうか。さらには、今回の総選挙において示された大阪府下における「維新」の強さを支える組織的実態とはいったいどのようなものなのでしょうか。本章は、このような問いに答えようとするささやかな試みです。

分断固定化の根拠

筆者が「維新」による分断の固定化という事態を見出した根拠は、以下の表1から表4に示されるような大阪府下における「維新」の得票状況にあります。

表1は2014年、17年、21年の衆院総選挙における府下の小選挙区ごとの「維新」の得票数です。この間公明党が議席を確保しつづけ、「大阪都構想」への支持と引き換えに「維新」が候補者擁立を見送った3区、5区、6区、16区は除いてあります。

14年と17年は、希望の党の結党と民進党の解党、立憲民主党の結党など政治状況や政党配置に劇的な変化が起きていたにもかかわらず、9区や15区を筆頭に「維新」の得票数が極めて安定し、固定化していたことがわかります。府計で17年の方が大きく見えるのは、もっぱら14年に13区の候補が「次世代の党」(石原慎太郎グループが「日本維新の会」から分党して結成)から立ち、「維新」が候補を擁立できなかったからにすぎません。

２０１４年、17年と固定化しているかに見えた「維新」の得票が21年総選挙で大幅に伸長したことについては、後に考察します。

表２は２０１５年５月の「大阪都構想」をめぐる住民投票と同年11月の大阪府知事・大阪市長ダブル選挙、そして、19年の４月の大阪府知事・大阪市長クロス選挙、20年11月の２回目の住民投票における、大阪市内での「維新」と反「維新」の得票数の比較です。投票率が、約67％、約51％、約53％、約62％と変化し、総投票数も約１４０万、約１００万、約１１４万、約１３７万と変化する中で、「維新」の得票が安定して67万票前後で固定化していることが見て取れます。なお後に見るように大阪市内で67万票前後という数字は、今回21年の総選挙結果からも推計されるものです。

表１　衆議院総選挙での維新の得票数

	2014 年	2017 年	2021 年
1 区	75,016	66,506	110,120
2 区	56,025	68,844	120,913
4 区	74,101	72,446	107,585
市計	205,142	207,796	338,618
7 区	67,791	66,780	102,486
8 区	62,522	57,187	105,073
9 区	91,400	91,438	133,146
10 区	50,516	44,938	80,932
11 区	58,321	61,859	105,746
12 区	41,649	64,530	94,003
13 区	次世代	52,033	101,857
14 区	78,332	77,696	126,307
15 区	74,483	74,368	114,861
17 区	70,196	65,427	94,398
18 区	88,638	87,070	118,421
19 区	56,119	66,712	68,209
府計	945,109	1,017,834	1,584,059

表２　住民投票と大阪市長選の得票数

	投票率	投票総数	維新	反維新
2015 年住民投票	約 67%	約 140 万	約 69 万	約 70 万
2015 年ダブル選	約 51%	約 100 万	約 60 万	約 41 万
2019 年クロス選	約 53%	約 114 万	約 66 万	約 48 万
2020 年住民投票	約 62%	約 137 万	約 68 万	約 69 万

大阪市内における「維新」の得票がこのように固定化していることが、二度にわたる「大阪都構想」をめぐる住民投票での「維新」の敗北をもたらした理由であることは言うまでもありません。二度の住民投票における67％、62％という高投票率こそが、投票率の変化に関わらず一定の固定化された得票を得ることを実現した「維新」の敗因となったのです。投票率が低ければ低いほど有利になり、投票率が高ければ高いほど不利になるということが、少なくとも大阪市内における「維新」の得票実態であり、「ふわっとした民意」に支えられたポピュリストという「維新」像は幻想にすぎないのです。

表３は２０１３年、17年、19年の堺市長選の得票状況であり、ここでも竹山修氏の不明朗な金銭問題での辞職という政治状況の劇的な違いにも関わらず、「維新」の得票数が固定化していることがわかります。表４は16年と19年の参院選大阪選挙区の得票数であり、１３９万票前後で、これも固定化していることがわかるでしょう。「維新」が２回連続で見事な票割りをして見せたことについては、後に立ち戻ります。

表３　堺市長選の得票数

	維新	反維新
2013 年	西林克敏 140,569	竹山修身 198,431
2017 年	永藤英機 139,301	竹山修身 162,318
2019 年	永藤英機 137,862	野村友昭 123,771

表４　参院選大阪選挙区の得票数

2016 参	浅田　均 727, 495	高木かおり 669, 719	計 1, 397, 214
2019 参	梅村みずほ 729, 818	東　徹 660, 128	計 1, 389, 946

以上が「維新」による分断固定化を示す得票状況です。筆者は、

これらの根拠に基づいて、「維新」という政治勢力の実態について、新自由主義的「改革」により、自らの手で絶望的にまで拡大させてきた貧困と格差を深刻な分断へと転化し、その分断を繰り返される選挙を通じて固定化することに成功した存在であると特徴づけたのです。

しかし周知のように、今回の衆議院総選挙で「維新」は、固定化されていたかに見えた得票を遥かに上回る支持を獲得しました。この事実をどのように受け止めればよいでしょうか。表1で確認できるように、「維新」は大阪府下の19の小選挙区のうち、候補者を立てた15選挙区の全てで議席を獲得し、大阪19区を除く全ての選挙区で、前回の得票数の1・5倍から2倍の得票を得ました。分断固定化はただの幻想に過ぎなかったのでしょうか。

2021年衆議院総選挙の結果

それにしても、今回の総選挙で「維新」が強かった理由は何だったのでしょうか。筆者には差し当たり以下の3点が理由として挙げられるように思われます。

① 直前の自民党総裁選で岸田文雄現首相が「分配なくして成長なし」として、新自由主義からの決別を仄めかしたことによって、新自由主義的「改革」を高く掲げつづける唯一の政党としての立ち位置を確保したこと。このことによって、「勝ち組」意識を持った中堅サラリーマン層など従

来の支持層を固め、さらに拡げることに成功したように思われます。

② 橋下徹氏と吉村府知事が在阪テレビ局の情報番組に出ずっぱりとなり、安倍–菅自公政権のコロナ失政への批判を展開しつづけたことによって、自公政権に対する批判票の受け皿として浮上することに成功したこと。

③ 10年にも渡る「維新」の新自由主義的「改革」により、大阪における医療や公衆衛生の現場が疲弊し、それによって全国最悪の医療崩壊と感染拡大がもたらされたという厳然たる事実を、反「維新」の側が有権者に十分浸透させ得なかったこと。ちなみに大阪府の100万人あたりのコロナ死者数は、2021年11月21日現在で約348人であり、全国平均の約147人の2・4倍と全都道府県中で断トツの1位。大阪市に至っては、約483人で全国平均の3・3倍にも昇っています。しかしこうした一目瞭然の事実すらも、どれだけの有権者に知らせることができていたのかが問われなければなりません。

「維新」躍進の要因についての考察はこの程度として、ここでの問題は大阪府下の15選挙区で総計約158万票、比例区で約172万票という「維新」の大量得票をどのように見るべきかということです。

表1に見られるように、大阪府下の小選挙区において、固定化されていたかに見えた「維新」の得票数は、今回は軒並み1・5倍から2倍近くまで伸びています。府下全体では、前回の

101万7834票から158万4059票と60万票近く伸ばしています。比例票に至っては、その伸びは93万4972票から171万5862票と80万票近いものです。

どこからこれほどの票が出て来たのかと驚愕する向きもあるでしょう。しかし、表4に示された参議院大阪選挙区における約139万前後という得票数や2019年4月の府市クロス選で吉村知事が獲得した226万6103票という得票数と比較してみた時、約158万という得票も、約172万というそれも、決して驚愕するほどのものでもないことがわかるはずです。

しかも大阪市内の得票に注目してみた時、さらに興味深いことがわかります。周知の通り、市内の6小選挙区のうち、「維新」が候補者を立てたのは1区、2区、4区のみであり、公明党が議席を持つ3区、5区、6区には候補を擁立していません。それゆえに確定的なことはもちろん言えないですが、「維新」の1区、2区、4区の得票合計が約34万票にとどまっていることに注意を喚起したいのです。残りの3区、5区、6区に候補者を立てたと仮定した時、「維新」ははたして市内でどれだけの得票を得たでしょうか。仮に1区、2区、4区と同様に11万票ずつ得票したとすればどうでしょう。その場合、市内の得票は67万ということになります。それはまさに表2においてお馴染みの数字にほかならないのです。

こうして見ると、市内における「維新」の得票には、やはり固定化された上限があるように思われます。住民投票であろうと、クロス選であろうと、衆議院総選挙であろうと、そして投票率が70%近くに昇ろうと、50%強にとどまろうと、67万前後という票数が上限になっているように見えるからです。

大阪市内で67万票という数字を有権者総数で割って絶対得票率を弾き出すと、およそ29・6％です。他方、府市クロス選での吉村知事の絶対得票率は、31・0％です。つまり、絶対得票率30％前後が大阪における「維新」の固定化された得票上限なのではないでしょうか。このことは、「維新」が大阪市内においては、住民投票であろうと、市長選であろうと、衆議院総選挙であろうと絶対得票率30％前後という固定化された上限に近い得票をコンスタントに獲得する力を持っているということ示しています。他方で同時に、大阪市以外の府下においては、やはり絶対得票率30％前後を上限としつつ、未だこの上限までの得票をコンスタントにたたき出すことのできる力量を身につけるには至ってはおらず、まだまだ伸びしろのある状態にあるということも示していると言わねばなりません。

これだけの得票を獲得する「維新」の力量は何に由来し、どこから生じてくるのでしょうか。この問いに答えるためには、大阪における貧困と格差に由来する分断を固定化し、大量得票へと結びつける組織の実態へと目を向けなければならないでしょう。

組織化の鍵を握る地方議員

「大阪都構想」をめぐる2015年の1回目の住民投票では、「維新」は10億円ともいわれる広告費を注ぎ込み、大手広告代理店を使って、連日のテレビCM、オーロラビジョン搭載の大型トラックを含む３００台の宣伝カー、日替わりの新聞折り込みなど、ド派手な宣伝戦を展開し、稀代のポピュリスト・橋下徹氏を前面に押し立てた〝一大空中戦〟を決行しました。それに引き換え、20年の2回目の住民投票における「維新」の活動は比較的静かなものに止まっていました。

この点に関して、『週刊新潮』（２０２０年10月９日号）が、興味深い記事を掲載しています。記事は「盛り上がりに欠けるように見えるのは維新の〝戦略〟です。彼らは、前回は議論が白熱し、最終的な投票率が66％にも達したために反対票が増えて負けた、と分析している。そこで今回は目立つ街宣などは必要最低限に抑え、戸別訪問などで地道に支持を訴えている。維新ではその手法を『もぐる』と言っています」という府政関係者の発言を紹介しています。

「維新」は２０２０年の住民投票では、戦略的に「もぐる」ことを選んだというのです。これは、固い組織票を武器に、徹底的な組織戦を闘い、低投票率の下で勝ち抜くという組織政党が好んで採ろうとする戦略です。「維新」は自らが「風」だのみのポピュリストなどではなく、固い組織票を誇る組織勢力だということを十分に自覚しているということです。

大阪における分断を組織化することによって固定化することに成功した「維新」の活動の鍵を握っているのは、大阪府下において２３９人（２０２１年11月25日現在）にものぼる地方議員であることは言うまでもありません。

２０１５年11月30日付の産経新聞は、「維新」の地方議員たちが凄まじいまでの組織戦を展開していることを報じていました。大阪府下と近辺選出の国会議員、府会議員、市会議員、町村会議員、総勢百数十人（当時）が、1人1日600電話、300握手、10辻立ちのノルマを課せられ、幹部による抜き打ちの巡回点検などを通じて、ノルマ達成を日々強いられていたというのです。それは、ある所属議員が「ブラック政党ですわ」と自嘲気味にボヤくほどのものでした。

百数十人（当時）の議員が1日600電話ということは、毎日8万本もの電話が掛けられていたことになります。これほどの電話が掛けられていたわりに、他党派の活動家からは不思議なほど、「維新」から電話があったという話を聞きません。つまり、無差別電話を掛けているわけではないようなのです。しっかりとした支持者名簿が議員ごとに整備されている可能性の高いことが推測されるわけです。

表4に示されているような参院選大阪選挙区における、浅田候補と高木候補（2016年）、東候補と梅村候補（19年）への見事なまでの票割りの成功も、決して偶然のなせる技ではありません。地方議員たちによる、それぞれの名簿に沿った1日数万から十数万本の電話掛けを通じて、「浅田に入れてほしい」「高木に入れてほしい」あるいは「東に入れてほしい」「梅村に入れてほしい」という依頼が飛んでいた。そのように推測すれば、説明をつけることができるのです。

表5は大阪府下における「維新」の地方議員数を立憲民主党および日本共産党と比較したものです。国会議員を母体とした立憲民主党とそもそも地方議員を母体とした「維新」との対比は実に鮮やかだと言わなければなりません。地方議員の数の多さを誇ってきた日本共産党と比較しても、大

表５　大阪府下の地方議員数（2021 年 11 月 25 日現在）

	大阪府議	大阪市議	堺市議	市町村議	計
大阪維新の会	47	40	18	134	239
立憲民主党 （連合大阪推薦）	1 (3)	0 (2)	2 (4)	17 (59)	20 (68)
日本共産党	2	4	5	104	115

阪市、堺市を除く市町村議数では競ってはいるものの、府下全体においては倍以上になっています。

この２３９人の地方議員たちが、１日６００本の電話を掛ければ１日あたり14万本余り、衆議院総選挙期間の12日では、約１７２万本です。この数字は「維新」の比例得票数と奇しくも付合します。逆に比例区における１７２万票という得票が地方議員１人あたり何票の得票によって実現できるか見てみると、１人あたり約７２００票という計算になります。

２３９人の地方議員たちが、自分たちの選挙で実際にどれくらいの得票を獲得して当選しているのかを試しに見てみましょう。たとえば２０１９年４月の豊中市議選における「維新」市議の得票数は、①横尾しずか―８５９３、②中野こうき―８５５７、④木下まさひさ―７０５２、⑤沢村みか―５９４１、⑥藤田ひろし―５０５３、⑫花井けい太―３５０４、⑬大田やすはる―３２７６（①②…は当選順位）であり、平均は約５９９７票。同じく２０１９年４月の枚方市議選では、①岩本ゆうすけ―６９７８、②小池あきこ―６８４１、③泉大介―６８２９、⑤岡市えいじろう―６２２５、⑥かじや知宏―６１１７、⑦門川ひろゆき―６０９２、⑧せのお正信―５３８３で、平均は約６３５５票です。

市の大小、有権者の多寡もあり一概には言えないものの、大阪府下各地の地方議員選挙で、上位当選をほとんど独占し、枚方市で典型的に見られるように判で押したような得票数をたたき出す「維新」の地方議員たちが、自分自身がそれぞれの地盤で確保している得票を参院選や衆議院総選挙、あるいは知事選などにおいて結集することができるのだと考えれば、参院選の約139万、今回の衆議院総選挙での約172万、知事選での約227万という得票数もあながち不可能な数字ではないことが理解できるでしょう。

これこそが、大阪の街に広がる貧困と格差を分断へと転化させ、その分断を固定化し、組織化することに成功したモンスター的集票マシンとしての「維新」の実態にほかならないのです。

おわりに

2021年10月31日の衆議院総選挙における「維新」の躍進は、新自由主義的「改革」により、自らの手で絶望的にまで拡大させてきた貧困と格差を深刻な分断へと転化し、その分断を繰り返される選挙を通じて固定化・組織化することに成功したモンスター的集票マシンーンという「維新」像を再確認させるものでした。「維新」は、大阪府下において絶対得票率30％前後を投票率如何を問わずにコンスタントにたたき出す文字通りモンスター的な集票マシーンとして自らを確立しつつあるのです。

このモンスターと対峙するには、1対1の構図を作り出し、投票率を60％以上に引き上げる以外にありません。現に二度に渡る住民投票における「維新」の敗北はそのことを見事に証明しました。

今後、このモンスター的集票マシーンとどのように対峙していけばいいかという問いには、「維新」の正体を正面から見据えることなしには答えることはできません。この問いに答えるためにも、以下の各章において、２０１４年の衆議院総選挙から、一度目の住民投票、府市ダブル選、府市クロス選挙、二度目の住民投票へと時系列を追った分析を提示するとともに、最後に22年7月の参議院選挙と、23年の知事選・市長選に向けた展望へと繋いでいくことができればと思います。

第1章　２０１４年総選挙から「都構想」住民投票へ

１　大阪都構想をめぐる事態の急変

公明党の不可解な方針転換

２０１４年末の衆議院議員総選挙終了直後から、もはや完全に行き詰まってしまったかに見えた大阪都構想をめぐる事態が急変し、２０１５年5月にも特別区設置への賛否を問う住民投票が実施される恐れが出てきています。これは言うまでもなく、公明党の、２０１４年10月に府・市両議会で否決された協定書の内容には引き続き反対ではあるものの「住民投票まで行こうということについては了解して進めていこう」という、なんとも不可解な方針転換によってもたらされたものです。

公明党側は、衆議院議員総選挙の結果、橋下市長の率いる維新の党が大阪府下の比例区で１１４万票（得票率32・3％）を獲得して首位となり、一定の民意が示されたことを理由に挙げていますが、いかにも取ってつけたような感は拭えません。それを言うなら、維新の党が大阪府下の16選挙区で、前回の12議席から5議席に激減したことも問題にすべきでしょう。

周知のとおり公明党は、２０１４年1月末の大阪府と大阪市を代表する委員による府市特別区設置協議会（いわゆる法定協議会）における「区割り案絞り込みの提案」の否決以来、自民、民主系、共産の各会派と共同して、維新の会による都構想の強行に反対する姿勢を強めてきました。しかし、衆議院議員総選挙を機に突然方針を転換し、都構想の是非を問う住民投票の実施までは維新の会に協力することにしたというのです。しかも、方針転換後の記者会見で、公明党大阪市議団幹事長が明らかにしたように、この転換は「党本部から橋下徹市長との対立を解消すべきだと促がされた」ことによるものであり、当然のことながら、市議団や府議団の間には、経過説明のための臨時会合で「怒号が飛び交う」ほどの強い反発があったとも報じられています。こうした反発を押し切るかたちで党本部の上からの指導の下、まるで卓袱台返しのような方針転換が行われ、風前の灯火となっていた大阪都構想がにわかに息を吹き返したというわけです。

公明党本部からの鶴の一声で

２０１４年10月の大阪府市両議会での大阪都構想に関わる協定書議案の否決は、法定協議会からの非維新系議員の排除をはじめ、維新の会による非民主的で強権的な政治手法への反発からだけではなく、協定書の内容自体のデタラメさを解明しつつ進められてきた府民・市民の代表たる府議会と市議会、そして法定協議会の熟議の結果にほかなりません。それは決して中身のない党利党略の駆け引きの結果などではなく、府民・市民に責任を負う府市両議会の誠実な審議の結論だったはずです。それが公明党中央からの鶴の一声で覆されたのだとしたら、まさに市民・府民不在の暴挙だというしかありません。

なぜこのような暴挙が行われたのか。それも衆議院議員総選挙を機に、公明党中央主導で――。そのあたりの事情を検討することから、大阪都構想の政治的な本質に迫っていくことにしましょう。そこから解ってくることは、大阪都構想が長い歴史を持った大阪市という自治体を消滅させて大阪府の下にある5つの従属団体へと分割し、その結果、大阪市民の暮らしに多大な影響をもたらすものであるにも関わらず、実のところ橋下徹というひとりの野心的政治家が国政に華々しく進出するための単なる踏み台に過ぎないのだということ、そして、「戦争する国づくり」と9条改憲という自らの政治的野望の実現のために橋下氏の影響力を取り込もうと画策する安倍首相と首相官邸の政治的駆け引きの具に過ぎないのだということです。

果たしてこのようなもののために、大阪市を消滅させてしまっていいのでしょうか。住民投票によって大阪都構想の是非を問われることとなるかもしれない大阪市民にとって、その設計図とされる協定書のデタラメな内容のみならず、大阪都構想なるもののこうした政治的本質を理解することは、極めて重要な判断材料となるはずだと思います。

「公明にやられたまま人生は終われない」

衆議院の年内解散が現実味を帯び始めた2014年11月12日、橋下市長はこう豪語して、橋下氏自らが佐藤茂樹公明党大阪府本部代表の立つ大阪3区から、松井一郎府知事が北側一雄公明党副代表の立つ大阪16区から出馬する構えを見せました。

2005年、郵政民営化法案が参議院で否決されるや、突如衆議院を解散し、「抵抗勢力」と目された議員の選挙区に「刺客」を送り込んだ小泉純一郎首相の「郵政選挙」を彷彿とさせるやり方です。まさに橋下氏自身が市長の椅子を投げうって、大阪都構想に抵抗する公明党幹部に対する「刺客」となろうというわけです。本章の後半で述べるように、橋下市長の主導する維新政治は、政策面においても、政治手法においても、小泉首相のそれをモデルにしているかのように瓜二つです。

公明、自民、民主系、共産の府議会・市議会の4会派の共同によって、もはや大阪都構想の命脈が尽きようとしていた時、思わず巡ってきた衆議院解散総選挙というチャンスに、橋下氏が打って出た政治的な大博打だったというべきでしょう。

大阪都構想の頓挫を受けての「市政・府政の投げ出し」という批判は受けようとも、「小泉劇場」の再来の如き「風」を吹かせ、自らだけではなく維新の党全体の雪崩的勝利を呼び込むことができれば、起死回生の劇的勝利で、中央政界への華々しい進出を飾ることができると踏んだのでしょう。さもなくば、自らを「刺客」に立てるぞと恫喝するだけで、怯えた公明党が大阪都構想への協力に方針転換するだろうとのしたたかな計算がはじめからあったのかもしれません。もしも公明党が引かず、期待した「風」も吹かずに一敗地に塗れたとしても、もともと大阪都構想の命運は尽きかけていたのであって、もはや失うものは何もなかったとも言えるでしょう。

しかしそれにしても、ここで注意しておくべきことは、橋下氏も松井氏も、頓挫しようとしていた大阪都構想を投げ出して国政を目指すという道を選択肢の中に明確に加えていたということです。大阪都構想こそが維新の会の「一丁目一番地」と繰り返すわりには、それはあまりに軽々しい扱いだとは言えないでしょうか。橋下氏にとって、大阪都構想とは、何がなんでも実現すべき目的だったのでしょうか。それとも、他の目的を達成するための手段の一つに過ぎなかったのでしょうか。この問いには改めて立ち返りましょう。

急転直下の不出馬表明

ところが11月21日にいよいよ衆議院が解散されると、橋下、松井の両氏は一転、衆院選への出馬断念を表明したのです。11月23日、松井府知事の後援会総会で、橋下市長は「今回の衆院選には出馬しない。都構想を必ず実現する」と不出馬を表明。松井氏も「僕も橋下氏も国政に挑戦することはしない。全力で統一地方選を戦っていきたい」と語ったというのです。さらに、公明党の候補者が立つ大阪と兵庫の他の4選挙区にも維新の党として候補を擁立しないことも明らかになりました。

「公明にやられたまま人生は終われない」とまで豪語していたにも関わらず、急転直下の不出馬表明に様々な観測が飛び交いました。維新の党の共同代表である江田憲司氏ら国会議員団が橋下氏らの国政進出を強く希望したにも関わらず、大阪維新の会の府議団、市議団が強く反発したからだとか、府知事や市長の後継者の調整がつかなかったからだとか、いや何よりも、大阪都構想が頓挫しかかっているなかで府政、市政を投げ出して逃げるのかという批判が予想以上に強かったからだとか。橋下氏自身は不出馬表明後の街頭演説で、「新聞には維新の議員が反対したとか、世間から（市長職）投げ出しだと批判を受けるから諦めたと書いてあるが、世間からの批判や反発はいっさい気にしていない」「今回の判断こそが大阪のためになる」と開き直りとも聞こえる釈明をしたと報じられています。

もっとも、この時点から公明党中央との間に、都構想へ方針転換の「密約」ができたのではないかとの憶測も囁やかれ始めていました。ことは「密約」ですから、もちろん真偽のほどはわかりませんが、公明党が橋下氏の恫喝にひどく怯えていたことは間違いないようですし、衆院総選挙後の急展開を考えれば、この疑いを捨て切ることもできません。

公明党の事情

公明党が大阪3区と16区に自らと松井氏を「刺客」に立てるという橋下氏の恫喝にひどく怯えて

いたことは間違いないでしょう。一部報道では、公明党市議団から反維新で共同を強めていた共産党市議団に対して、内々に3区と16区で共産党の候補者を降ろすことはできないかという打診があったとも伝えられています。公明党の慌てぶりが窺われます。

公明党が橋下氏の恫喝に怯えたのにはそれ相応の理由があります。「常勝関西」と称され、絶対的な強さを誇った関西、とりわけ大阪の公明党ですが、２００９年の総選挙で民主党に全敗を喫したことに明らかなように、いわゆる「風」が吹く選挙に弱いことは否定できないからです。創価学会という磐石ともいえる組織的支持基盤に支えられた公明党ですが、その分、小泉元首相や小沢一郎氏、そして、橋下氏が仕掛けるようなポピュリズム的「劇場政治」には太刀打ちできないという弱点を持っているのです。公明党が橋下氏の恫喝に必要以上の恐れを抱いたとしても不思議ではありません。

しかし、それだけではありません。それ以上に重要なのは、磐石な支持基盤であったはずの創価学会と公明党との関係に、この間、重大な軋みが生じているのです。その原因が、「戦争する国づくり」という野望に燃える安倍首相の与党として、２０１４年7月1日に強行された集団的自衛権行使容認の閣議決定に参画するなど、安倍政権の暴走に加担してきたことにあるのはいうまでもありません。これまで公明党は曲がりなりにも、「平和の党」を標榜してきました。公明党を支えてきた創価学会員は、この看板を信じてきたのです。安倍政権の「戦争する国づくり」への加担が、こうした創価学会員への重大な裏切りであることは否定しようがありません。創価学会員の間に不信や不満が広がり、さしもの磐石な支持基盤にも動揺が広がっていることは、火を見るよりも明らかです。

２０１４年7月1日に集団的自衛権行使容認の閣議決定を強行しながら、関連法案の審議が２０１５年の春に予定されている統一地方選後にまで持ち越されているのも、このままでは統一地方選が戦えないという公明党の事情に配慮したものだといわれています。

ただでさえ「風」に弱い公明党が、磐石な支持基盤であるはずの創価学会との関係に生じた軋みを抱え、橋下氏の恫喝に必要以上の恐れを抱いたのも無理はなかったのです。いずれにせよ、橋下氏と松井氏の不出馬表明に、公明党が胸をなでおろしたのは間違いありません。その段階で、「密約」があったのかなかったのかは不明ですが、少なくとも橋下氏一流の恫喝が、総選挙後の公明党中央主導による突然の方針転換の伏線であったことだけは疑いないでしょう。

しかし２０１４年10月以来、大阪都構想に反対し、維新の会との対決姿勢を強めてきた公明党が、急転直下の方針転換をしたこともまた、創価学会員への裏切りと受け止められても仕方がありません。公明党の方針転換と大阪都構想の復活には、より大きな要因がありそうです。それは、衆議院議員総選挙の結果を受けた安倍首相と首相官邸の思惑です。

2　橋下市長と安倍首相の政治的取り引き

安倍首相と首相官邸の思惑

２０１５年1月14日、関西のテレビ番組に出演した安倍晋三首相は大阪都構想について、「二重行政をなくし住民自治を拡大していく意義はある。住民投票で賛成多数となれば必要な手続きを粛々と行いたい」と述べるとともに、「維新が憲法改正に積極的に取り組んでいることに敬意を表したい。維新や他党にも賛成してもらえれば、ありがたい」と語りました。自民党の大阪市議団、府議団が都構想反対で維新との対決姿勢を強める中、自民党総裁でもある安倍首相が、彼らの頭越しに橋下氏と維新の会にエールを送るというのは、きわめて異例のことだといわなければなりません。しかも、あたかも交換条件のように、自らの野望である改憲への協力を求めるという形で語られたということにも注目せざるを得ません。

これを受けた橋下市長は15日の記者会見で、「大変ありがたい。うれしくてしょうがない」と手放しで喜ぶとともに、改憲に関しても、「憲法改正は絶対に必要だ。安倍首相にしかできない。できることは何でもしたい」と全面協力の姿勢を明らかにしたのです。

いったいこのような光景をどのように理解したらよいのでしょうか。９条改憲と「戦争する国づくり」という安倍首相の野望実現への橋下氏の全面協力と、大阪都構想への安倍首相の賛同とが、大阪市民・府民どころかその代表である自民党の市議団・府議団すら預かり知らぬところで、公然と取り引きされたということです。ことは大阪市が消滅するかどうかの問題です。大阪都構想が、大阪市民そっちのけで、安倍首相と橋下市長との間での政治的取り引きの具にされては迷惑千万としか言いようがありません。

実は、２０１４年末の公明党の突然の方針転換の裏にも、安倍首相と首相官邸、具体的には菅義偉官房長官の暗躍があったのではないかとの観測はきわめて根強く語られつづけています。先のテレビ番組でも、この点を問われた安倍首相は、「全くない」と強く否定していますが、火のないところに煙は立たずです。菅官房長官と松井大阪府知事との間には、かねてより太いパイプがあったともいわれています。松井氏が菅官房長官に泣きつき、菅官房長官が公明党中央を説得するか、あるいはなんらかの圧力をかけて、都構想反対の方針を転換するように迫ったのではないか。そのような観測が新聞紙上においても報じられてきました。

真偽のほどはわかりませんが、そう疑われても仕方がないような光景が、安倍首相と橋下市長との間で繰り広げられたことは間違いありません。９条改憲への協力と大阪都構想への賛同が、大阪市民・府民の頭越しに取り引きされる。こうした事態はどうして生み出されたのでしょうか。

衆議院議員総選挙の結果

２０１４年12月14日の衆議院議員総選挙の結果は、安倍政権の与党である自民党と公明党が全議席の3分の2を超える326議席を獲得し、安倍首相の大勝に終わったとされています。しかし実のところ、この選挙の結果は9条改憲と「戦争する国づくり」の野望に燃える安倍首相にとって、甚だしく面白くないものだったようです。

確かに自民党と公明党を合わせれば、改選前の326議席と同数の議席を確保したのですが、その内訳を見れば、自民党は改選前の295議席から4つ減らしての291議席、公明党が改選前の31議席から4つ増やしての35議席です。つまり、与党のなかで明らかに公明党の比重が高まったわけです。開票当日、日本テレビの選挙特番出演終了後の現場で、「300に届かないじゃないか。話が違ってるのはどういうことだ」という安倍首相の怒号が響き渡ったとも報じられていますが、新聞各紙の事前予測では「自民単独で300議席を確保か」という記事が躍っていただけに、291議席という数字は首相にとって相当ショックなものだったのかも知れません。

ただ安倍首相にとってより深刻なのは、先にも触れたように「平和の党」の看板を信じる創価学会員との軋轢を抱える公明党の比重が、与党のなかで大きくなったということにほかなりません。政権与党とはいえ、9条改憲と「戦争する国づくり」に腰の重い公明党が、自らの野望実現への足枷となる恐れが大きくなったわけですから。

総選挙の結果が安倍首相にとって面白くなかった2つ目の理由は、「自民党の右側に確固たる軸を作る」とのスローガンのもと9条改憲を明確に掲げて、日本維新の会から分党した石原慎太郎、平沼赳夫氏らの次世代の党が、改選前の19議席から2議席（選挙後に1名が離党し、現在は1議席）へと、まさに壊滅してしまったことでした。いわゆるネット右翼＝ネトウヨと呼ばれる人々が数百万の単位でいると想定していたとされる次世代の党ですが、実際に比例区での得票は１４０万余りに止まり、無惨な姿を曝すこととなったのです。

９条改憲に腰の重い公明党に代わる改憲パートナーとして、次世代の党に少なからぬ期待を寄せていたかに思われる安倍首相にとって、その壊滅は深刻な誤算だったに違いありません。あわせて第3の理由として、安倍首相の野望実現に最も頑固に立ち塞がるであろう共産党が、比例区での得票で３６９票から６０６万票、議席数で8議席から21議席へと躍進を果たしたこと、沖縄の4つの選挙区全てで辺野古基地建設に反対する「オール沖縄」の候補が勝利したことも忘れてはならないでしょう。

次世代の党の壊滅と安倍首相の苛立ち

次世代の党の壊滅は、９条改憲と「戦争する国づくり」に野望を燃やす安倍首相を苛立たせたはずです。すでに述べたように、与党の中で比重を高めた公明党は、その支持基盤である創価学会、とりわけ「平和の党」の看板をあくまでも信じる末端の学会員との軋轢を抱え、集団的自衛権行使容認の閣議決定を具体化するための関連法の整備にも、さらにその先にある９条改憲にも腰が重くなりがちです。創価学会の中では、自民党との連立解消を求める正木正明理事長派とあくまでも連立に固執する谷川桂樹事務総長派との深刻な対立が燻っているとも囁かれています。公明党と創価学会が安倍政権の暴走にどこまでついていくことができるのか、安倍首相には不安が尽きないところでしょう。

しかし安倍自民党にとって、公明党はもはや決して切り捨てることのできない存在です。それは、２０１４年末の衆議院議員総選挙の得票結果を見ても明らかです。自民党の比例区での得票数は１７６６万票、選挙区でのそれは２５４６万票です。その差は７８０万票ですが、その数字は公明党が比例区で獲得した７３１万票とほとんど一致します。つまりいまや自民党は、公明党・創価学会の協力なしでは選挙区で勝ち抜くことができないのです

安倍首相として見れば、次世代の党という改憲パートナーとの連携をちらつかせながら、連立解消を恐れる公明党・創価学会と駆け引きをし、改憲への協力という妥協を引き出すしかなかったわけです。いわば「両天秤」戦術ということです。しかし次世代の党の壊滅によって、この「両天秤」は不可能となりました。

そこで当然のこととして、次世代の党に代わって「両天秤」にかけるべき改憲パートナーが必要となるのです。それが橋下氏と江田憲司氏が共同代表として率いる維新の党であることは言うを待ちません。しかし維新の党を改憲パートナーとするには一筋縄ではいかない問題があるのです。

維新の党は次世代の党の代わりになるか

維新の党は、２０１４年９月、次世代の党と分党した橋下氏率いる日本維新の会と、みんなの党

から割って出る形で結党され、江田憲司氏が率いる結いの党とが合流したものです。日本維新の会と維新の党ということで、党名は継承されているものの、次世代の党へと別れたメンバーを含んでいたかつての日本維新の会と、結いの党と合流した現在の維新の党とでは、その性格はかなり異なるといっていいでしょう。

そもそも日本維新の会と次世代の党の分党は、結いの党は「護憲政党であり手を組めない」と強固に反対する石原慎太郎共同代表と、結いの党との合流を急いだ橋下共同代表との深刻な対立が招いたものだったのです。江田氏の率いる結いの党は、「戦後、日本国憲法が果たしてきた役割を正当に評価する」とともに「決して戦争への道は歩まない」として9条改憲に消極的でした。石原氏ら次世代の党を切り捨てた日本維新の会と結いの党との合流によって結党された維新の党も、その「基本政策」では、首相公選制の導入などでの憲法改定は掲げるものの、9条改憲には踏みこんでいません。要するに橋下氏と江田氏は、9条改憲をめぐる立場の違いを「棚上げ」にして、維新の党を結党したのです。

こうした維新の党が、安倍首相にとって、単純に次世代の党の代わりになるとは思えません。橋下氏と江田氏という二人の共同代表のうち、9条改憲に積極的な橋下氏の影響力を強め、維新の党を改憲パートナーに変えていかなければ、次世代の党の代わりにはならないのです。ところが当の橋下氏は、2014年12月24日、つまり公明党の方針転換の直前に、「大阪に専念したい」として共同代表を辞任して、「最高顧問」に祭り上げられてしまいました。江田氏の主導のもと、維新の党は安倍政権への対決姿勢をますます強めようとしているのです。安倍首相がおもむろに大阪都構想に賛同を表明し、それに応ずるように橋下市長が「憲法改正は絶対に必要だ。安倍首相にしかできない。できることは何でもしたい」と改憲への全面協力を表明するという政治的取り引きは、こうした状況のもとで行われたのです。安倍首相としては、壊滅してしまった次世代の党に代わる改憲パートナーを作り出すために、橋下氏を支援し、その影響力を強めることで維新の党を９条改憲の側に立たせたいということです。

そして橋下氏の影響力を決定的に強めるためには、公明党市議団・府議団に方針転換を迫り、命脈の尽きつつある大阪都構想を救い出し、橋下市長に花を持たせる必要があったのです。もし巷間言われるように、菅官房長官が公明党中央と創価学会を動かしたとすれば、その狙いはここにこそあったのだといえるでしょう。

しかし何度も繰り返すように、ことは大阪市を消滅させるかどうかの問題です。大阪市民のことはそっちのけで、９条改憲と「戦争する国づくり」という野望の実現のためだけに、安倍首相と首相官邸が公明党中央に方針転換を迫ったとすれば、それは大阪市民を愚弄する以外の何ものでもありません。大阪市民はもっと怒りを感ずるべきなのではないのでしょうか。

3　維新政治にとって大阪都構想とは何だったのか

国政進出の手段としての大阪都構想

橋下市長と維新の会は口を開けば、大阪都構想は二重行政を解消し、無駄使いを減らして、大阪市民のためになると繰り返します。しかし、その設計図だとされる協定書案はデタラメとしか言えない内容であり、またそれを取りまとめた手続きもきわめて非民主的で強権的なものでした。橋下市長と維新の会は、どうしてこのような大阪市民のためにもならない構想を誰が見ても非民主的で異常な手法を用いてまで強行したいのでしょうか。

そのくせ橋下氏は、自民、公明、民主系、共産の市議会・府議会4会派の共同によって、大阪都構想の命脈が尽きたと見るや、市長職を投げ出して国政に進出する構えを見せたのです。小泉元首相の「郵政選挙」に倣うかのように、自らを「刺客」として公明党幹部の選挙区に打って出る。公明党への恫喝だったとしても、それは橋下氏の都構想実現への本気度を大いに疑わせるに足る行動でした。

大阪都構想こそ維新政治の「一丁目一番地」と言いながら、状況が悪くなればさっさと捨てようとする、そして安倍首相との政治的取り引きの具ともする。いったい橋下氏にとって、大阪都構想とは目的なのでしょうか、それとも国政への進出という自らの野心を果たすための手段に過ぎないのでしょうか。後者だとすれば、これほど大阪市民を愚弄した話はありません。

しかし残念ながら、もはや後者であることは疑うべくもありません。２０１４年11月の急転直下の衆院選不出馬表明にしても、「今回の衆院選には出馬しない」と次回以降の出馬に含みを持たせているのです。そもそも大阪府知事や大阪市長でありながら、日本維新の会や維新の党という全国政党を結党し、その代表や共同代表として自ら党首の座についてきたことからして、橋下氏の国政進出への野心は隠せるものではありません。１月半ばの安倍首相とのエールの交換、大阪都構想への賛同と９条改憲への全面協力との取り引きも、大阪市長としてである以上に、維新の党という全国政党の前共同代表・最高顧問としての行動です。

大阪都構想への賛否を問う住民投票を迫られようとしている大阪市民が、いまこそ心にとめなければならないのは、そもそも大阪都構想とは、橋下徹という野心的政治家が「改革者」としての華々しい経歴を引っさげて国政の舞台に進出するための一手段に過ぎないのだということでしょう。そんなことのために、大阪市を消滅させてしまっていいのでしょうか。大阪都構想をめぐる問題の政治的本質はここにこそあるのです。

小泉型ポピュリズムの二番煎じ

橋下氏の展開する維新政治は、２００１年から２００６年にかけての5年半にわたって一世を風靡し、「小泉劇場」とも呼ばれた、小泉純一郎首相による「日本型ポピュリズム」の二番煎じに過ぎません。「郵政民営化」は小泉「構造改革」の「一丁目一番地」といわれましたが、橋下氏にとっての大阪都構想は、小泉元首相にとっての郵政改革に相当するものです。稀代のポピュリストともいうべき小泉元首相が展開した政治の特徴は次のようなものでした。

①1990年代初めのバブル経済崩壊以来、低迷する経済と「失われた10年」と呼ばれた政治の無為無策に対して高まっていた国民大衆の不安と不満を激しい言葉で煽り立て、②「官から民へ」「改革なくして成長なし」「自民党をぶっつぶす」というように、複雑な問題を単純化して「マル」か「バツ」かの二者択一を迫るワンフレーズ・ポリティックスを振りかざし、③「抵抗勢力」と呼ばれたスケープゴートを設定して、これを激しく叩くことで喝采を集め、④「構造改革」がもたらした厳しい競争や格差と貧困に晒されて、熟慮や熟議を待つ余裕を失った国民大衆の「白紙委任」を取り付ける、といったものです。

小泉元首相は、自らの「構造改革」のシンボルとして「郵政民営化」を掲げましたが、2005年に参議院で郵政改革法案が否決されると、突如衆議院を解散して「郵政選挙」に打って出るや、「抵抗勢力」の選挙区に「刺客」を立てるといった劇場政治を演出して、地滑り的大勝を勝ち取ったのです。

小泉「構造改革」は結局のところ急激な格差と貧困の拡大をもたらしたに過ぎないということが誰の目にも明らかになると、今度は2009年の衆議院議員総選挙で、小沢一郎氏率いる民主党が「国民の生活が第一」というスローガンを掲げたカウンター・ポピュリズムを仕掛け、劇的な政権交代を実現したことも記憶に新しいところです。

橋下氏が大阪府知事選に打って出た２００８年は、いまだ日本の政界にポピュリズムの「風」が吹き荒れている時でした。橋下氏の政治的主張は、「官から民へ」を基調とする新自由主義的＝市場万能主義的なものである点でも、排外的なナショナリズムや歴史修正主義の立場に立つ点でも、小泉元首相のそれの焼き直しでしかありませんが、その政治手法においても小泉元首相と瓜二つといっていいものでした。

小泉氏のスケープゴートが「抵抗勢力」だったのに対し、橋下氏の下では公務員労組がスケープゴートに選ばれました。そして、小泉元首相の「郵政民営化」にあたるものが、大阪都構想という「改革」のシンボルにほかならなかったのです。

維新の会と大阪都構想

橋下氏が大阪都構想という「改革」のシンボルを掲げ始めたのは、大阪維新の会という地域政党を立ち上げた２０１０年の春以降のことです。小泉元首相の「郵政民営化」に相当する改革のシンボルを手にした橋下氏は、小泉流の劇場政治を本格的に展開し始めます。２０１１年４月の統一地方選を「大阪春の陣」と称して戦って、大阪府議会で単独過半数、大阪市議会、堺市議会で第一党の地位を確保しただけでなく、同年11月、「大阪秋の陣」と称した大阪府知事、大阪市長のダブル選挙にも圧勝して、大阪市長に転身したのです。まさに「小泉劇場」ならぬ「橋下劇場」の到来でした。この勢いに乗って、橋下氏の国政進出の野望を果たすべく２０１２年10月に結党されたのが、全国政党としての日本維新の会だったわけです。

時は、小沢一郎氏のカウンター・ポピュリズムによって成立した民主党政権が、小沢氏、鳩山由紀夫氏の政治資金疑惑、政権公約への次から次への裏切り、東日本大震災と東京電力福島第一原発の過酷事故への対応のまずさによって、崩壊の危機に陥っていました。

橋下氏が小泉氏、小沢氏につづくポピュリスト的政治家として、国政に華々しく進出するチャンスがめぐってこようとしていたかに見えました。しかし橋下氏の国政進出のためには、大阪都構想という「改革」のシンボルを何としても実現し、「改革」を現に断行した実行力あるリーダーという華やかな経歴がどうしても必要だったのです。民主党の実行力のなさを目の当たりにした国民は、もはや口先だけのポピュリスト的政治には簡単には期待を寄せなくなっていたからです。現にアベノミクスを掲げて登場した安倍首相の率いる自民党が、衆議院議員総選挙の比例区で獲得した得票は、小泉自民党が２００５年の「郵政選挙」で獲得した２５８９万票、小沢民主党が２００９年に獲得した２９８４万票に対して、２０１２年総選挙ではわずか１６６２万票、２０１４年の総選挙でも１７６６万票に過ぎません。「日本型ポピュリズム」の時代は、もはや過ぎ去ろうとしていたのです。

２０１３年９月の堺市長選挙で、大阪都構想に反旗を翻した竹山修身市長が保守から革新までの共同の力で再選されたあたりから、大阪都構想と維新の会の前に一転暗雲が立ち込め始めます。橋下市長が非民主的で強権的な手法で協定書の取りまとめを図ったのも、こうした事態をなんとか打開して、一刻も早く「改革者」としての箔を身につけようとする焦りの表れだったと思われます。そして、最終的に行き詰まりつつあった橋下氏を救ったのが、9条改憲と「戦争する国づくり」に野望を燃やす安倍首相とその意を受けた公明党中央だったというわけです。

橋下市長はなぜ住民投票にこだわるのか

2014年1月末の法定協議会において、公明党が反対にまわることで協定書案が否決されると、橋下氏は市長を辞職し、出直し市長選に打って出ました。この時橋下氏は、日本維新の会の党大会で「住民投票までは進ませてください、住民投票で否決をされたら僕も納得するけれども、住民投票のところまではやらせてください」とあいさつし、住民投票実施へのこだわりを露わにしました。また今回の公明党の方針転換も、協定書の内容には引き続き反対ではあるものの「住民投票まで行こうということについては了解して進めていこう」という不可解なものでした。

橋下市長は、どうしてこれほどまでに住民投票にこだわるのでしょうか。確かに大阪都構想実現のために制定された「大都市地域における特別区の設置に関する法律」では、特別区の設置の手続きとして、関係市町村の選挙人による投票（住民投票）に付し、有効投票総数の過半数の賛成を得ることが必要であると規定しています。

しかし橋下氏が住民投票にこだわるのは、それが複雑な問題を単純化して「マル」か「バツ」かの二者択一を迫り、熟慮や熟議を待つ余裕を失った人びとの「白紙委任」を取りつけるという自らのポピュリズム的政治手法にマッチするからでしょう。橋下氏にとって住民投票は、ポピュリズム的性格に満ちた自らの政治手法に相応しい、自分に有利な土俵だということです。

住民を代表する議会における熟議をこそ根幹とする議会制民主主義（間接民主主義）を補完する制度として、住民投票（直接民主主義）が持つ意義を否定することはできません。住民の直接請求に基づく議会の解散、議員の解職、首長の解職についての住民投票は住民の権利の正当な行使として重要な意義を持っていることはいうまでもありません。

しかし、大阪都構想とその制度設計がはらむ複雑な利害関係やテクニカルな諸問題については、熟議の府としての府議会・市議会、そして法定協議会での慎重な審議を尽くすことこそが、第一義的に重要なのです。住民投票はあくまでも、こうした熟議の結果に対する関係住民の最終的な意思確認の手続きでなければなりません。

橋下氏がこだわる住民投票は、これとはまったく異なります。法定協議会でも府議会でも市議会でも、その熟議の結果否決された協定書案を、出直し市長選というような茶番劇や、公明党の不可解な方針転換を引き出した政治的取り引きを通じて復活させ、住民投票に付すなどということは、最悪のポピュリズムなのであり、議会制民主主義を真っ向から否定するものだといわなければなりません。

橋下氏の推し進める維新政治とそのシンボルとしての大阪都構想の政治的本質は、こうした点に求められるのです。

4　急変した事態にどう挑むか

住民投票実施前に都構想を葬り去ろう

2014年末の公明党の不可解な方針転換を受けて、命脈の尽きかけていた大阪都構想はおもむろに息を吹き返し、5月17日に予定される大阪市民による特別区設置の可否を問う住民投票の実施に向け動き出しました。年も押し迫った12月30日に法定協議会が再開され、橋下市長によって、2014年10月に府・市両議会で否決された協定書案がそのまま再提案されました。年が明けた1月13日の法定協議会では、再提案された協定書案に微修正が加えられただけで、維新・公明の賛成多数により協定書が決定されたのです。

決定された協定書は、大阪府と大阪市の2月議会に提案され、両議会での可決を経た後、5月に予定される住民投票に付されることとなります。公明党は、協定書の内容には引き続き「反対」だとしながらも、住民投票を実現するためには、両議会での採択では「賛成」するという全く理解不能な立場を表明しており、住民投票実施の可能性が高まっていると報じられています。

しかしまだ、大阪都構想を住民投票実施前に葬り去ることは可能です。大阪府・大阪市の両議会が熟議の府として、協定書自体のデタラメな内容と協定書決定までの非民主的で強権的な手続きを徹底的に明らかにし、内容には「反対」だが、採択では「賛成」などという、いい加減な態度が許されないような状況を作り出していくことです。

そのためには、大阪府民、大阪市民の間に①都構想をめぐるこの間の事態の急変が、全くもって府民不在、市民不在の政治的駆け引きによってもたらされたものであること、②協定書の決定手続きがきわめて非民主的・強権的で異常極まりないものであったこと、③協定書の内容自体もデタラメと言っていいほどのものであることを急いで知らせ、府議会・市議会を府民・市民の厳しい目で監視し、世論で包囲していくことが何よりも必要です。2月議会での採択後には、統一地方選挙が待っています。もし公明党が協定書の採択に賛成したら、大阪府議選、大阪市議選で手痛い審判を覚悟せざるを得ないような状況を作り出すことです。

そして、たとえ両議会で協定書が可決されたとしても、4月の府議選と市議選で、維新の会と公明党に厳しい審判を下すことができるならば、大阪都構想をめぐる状況は一転することになるはずです。大阪都構想を住民投票実施前に葬り去るチャンスはまだまだ十分に残されているのです。

住民投票ということになったら

2月議会と統一地方選挙（大阪府議選、大阪市議選）を通じて大阪都構想を葬り去ることができず、特別区設置を問う大阪市民の住民投票にもつれ込んでしまったらどうすればいいでしょうか。いうまでもありません。都構想に反対する世論を結集して、反対多数で否決するのみです。

２月議会と統一地方選挙に向けて世論を高めていくことができていれば、決して困難なことではないはずです。橋下市長は１月７日、記者団の質問に対して、「４年も５年もエネルギーを割いて大量の人員といろんなお金も費やした中で民意に反していたということであれば、政治家として能力がなかったということだ」と述べ、住民投票で反対多数となって大阪都構想が頓挫した場合に政界から身を引く意向を明らかにしています。もちろん、これまでも平気で前言を翻して恬として恥じない橋下氏のことですから額面通りには受け止められません。しかし住民投票が大阪都構想のみではなく、橋下徹という野心的なポピュリストを政治的に葬り去る絶好のチャンスであることも間違いありません。

もちろん退路を断った橋下市長が、大阪都構想の実現とその成果を引っ提げた国政進出という野心を満たすために、なりふり構わぬ攻勢に打って出てくることは間違いありません。決して侮ることはできないと思います。協定書が府・市両議会で決定されれば、橋下市長は大阪市役所の組織とお金を駆使して、協定書の内容の広報活動を展開するはずです。大阪市主導のタウンミーティングもくまなく取り組まれることでしょう。こうした公的機関と公金を駆使した攻勢を跳ね除けるだけの取り組みが反対派には求められます。

「大都市地域における特別区の設置に関する法律」に定められた住民投票は、橋下氏に有利な土俵です。投票成立のための投票率の要件もなく、白票は無効とされ、賛成票が反対票を一票でも上回れば大阪都構想は承認されてしまいます。大阪都構想のような複雑でテクニカルな内容を含んだ問題の賛否を問われ、「よく分からない」からという理由で棄権や白票が大量に出ることは橋下氏に有利に働きます。

断固とした反対票を組織し、投票所に足を運んでもらうことなしには、反対派の勝利は望めません。「風」頼みではない地を這うような組織戦、大阪市民一人ひとりを対象とした対面的対話の取り組みが必要となるでしょう。

橋下市長の推し進める維新政治と大阪都構想の反市民的本質を暴露する政治宣伝を圧倒的に強化するとともに、対面的な政治対話の取り組みを旺盛に展開して、都構想と維新政治に最後の止めを刺そうではありませんか。

第2章　「都構想」住民投票の結果から見えたこと

はじめに

２０１５年５月17日に実施された、いわゆる「大阪都構想」をめぐる住民投票は、66・83％という高投票率のもと、賛成69万４８４４票、反対70万５５８５票と反対票が1万７４１票上回ったことにより、大阪市域における特別区設置の協定書は否決され、１２６年の歴史と伝統を誇る政令都市大阪の存続が決まりました。

住民投票の敗北を受け、橋下徹大阪市長は、２０１５年12月の市長の任期満了を以って政界を引退することを表明し、２００８年２月の大阪府知事就任以来、「橋下劇場」とも「ハシズム」とも揶揄された、およそ８年に及ぶ橋下維新政治に一応の終止符が打たれることにもなりました。

この住民投票の経緯と結果に関しては、すでにさまざまな立場から多くのことが語られています。
本章では、こうした論議も踏まえながら、住民投票の結果を分析するとともに、そこから浮き彫りになった政治的対抗軸の所在を明らかにしようとするものです。

1　賛成票をどう見るか

橋下維新のコアな支持層

住民投票における賛成票は約69万4844票であり、全有権者に対する絶対得票率は33・02％でした。この数字は、2011年の大阪市長・大阪府知事ダブル選挙で、橋下市長が獲得した75万8815票に比べると5万6000票程も及ばないものでした。これは後で見る反対票が、同選挙での平松前市長の得票数52万2641票を約18万票も上回ったのとは対照的でした。もっとも、4月12日の統一地方選挙において、維新の会が大阪市内で獲得した市議選での約37万4000票、府議選での約42万9000票からすれば、これらを大きく上回ったことも否めません。

ところで、2014年3月の出直し市議選での橋下市長の得票数もおよそ37万8000票であったことに鑑みれば、いかなる状況の下でも投票所に足を運び橋下氏への支持票を投ずる、橋下維新のコアな支持層は、この40万前後の人びとであったということができるでしょう。これは、橋下氏がたびたび口にする「ふわっとした民意」とは異なるガチガチの固い支持層だと考えるべきであり、この層の存在が橋下維新の政治的な強さの真の要因であったことにも注意すべきでしょう。

このコアな支持層の中心が、30代から50代の中堅男性ホワイトカラー層とその配偶者である専業主婦層、すなわち「勝ち組」サラリーマン層であったことは、街頭での対話的宣伝などに一度でも携わったことのある者なら直ちに、かつ実感的に理解できるはずです。賛否の「南北格差」を示したとされるかの色分け地図も、また「シルバーデモクラシー」という辛坊治郎氏などの無責任な論評を招いた出口調査の世代別賛否グラフも、実際には、このことを表現していたに過ぎません。すなわち、高層タワーマンションが林立し、こうした層の集住する地域で、賛成票が多く投じられたということです。

彼らが、市場万能主義と「規制緩和」を掲げる新自由主義イデオロギーに深く眩惑された人びとであり、自らの納めた税金が貧困層の為に使われることにある種の被害妄想的感覚を持ち、都市自治体の再分配機能を頭から否定する「構造改革」論者であることは、もはや言うまでもないことでしょう。

ポピュリスト的手法と「ふわっとした民意」

このコアな支持層の上に、橋下氏一流のポピュリスト的手法で引き寄せる「ふわっとした民意」をどれだけ積み上げることができたのか。それが住民投票の勝敗を分けたといえるでしょう。要するに橋下維新の支持構造は、コアな支持層と「ふわっとした民意」との二重構造になっていたのです。

この上積みのため橋下維新が採った戦術は、5億円とも10億円とも言われる莫大な資金を投入した徹底したイメージ選挙でした。くり返されたテレビCM、連日の新聞折り込み、橋下氏の録音音声の無差別電話、300台の宣伝カー、2000人ものオレンジTシャツ部隊。そこでは「CHANGE」「改革」「既得権益の打破」の言葉が溢れ返り、ひたすら「改革者・橋下徹」のイメージが宣撫されました。「大阪市はなくなりません」との明らかな嘘が喧伝され、メディアもこれに迎合しました。劣勢に立った最終盤、橋下市長は敢えて「負けたら政界引退」を明言し、「橋下徹を見殺しにするな」との極めてエモーショナルなキャンペーンも展開されました。

このポピュリズム戦術が一定の功を奏したことは疑うべくもありません。結果的に先に述べたコアな支持層を30万も上回る賛成票が投じられたからです。この賛成票のある一定の部分が、現状に息苦しいまでの閉塞感を覚え、「改革」「既得権益の打破」というメッセージに反応した若年層であったことは間違いありません。このことは、投票日1週間前の5月10日の世論調査と当日の出口調査の結果の乖離を見れば明らかでしょう。

産経新聞によれば、5月10日の世論調査での20代女性の賛成率は17・1%、20代男性は33・3%、30代女性は29・9%、30代男性は50・9%であり、20代の賛成率は取り分け低いものでした。これは、「若年層に橋下維新の固い支持層がある」という巷間に流布された誤った見方を、事実を以って明白に否定するものでした（図1）。

しかし投票日当日の出口調査では、20代女性の賛成率は56・3％、20代男性は67・1％、30代女性は55・3％、30代男性では71・6％にも及んだのです（図2）。この出口調査の結果が、「若者の希望を高齢者層が潰した」という

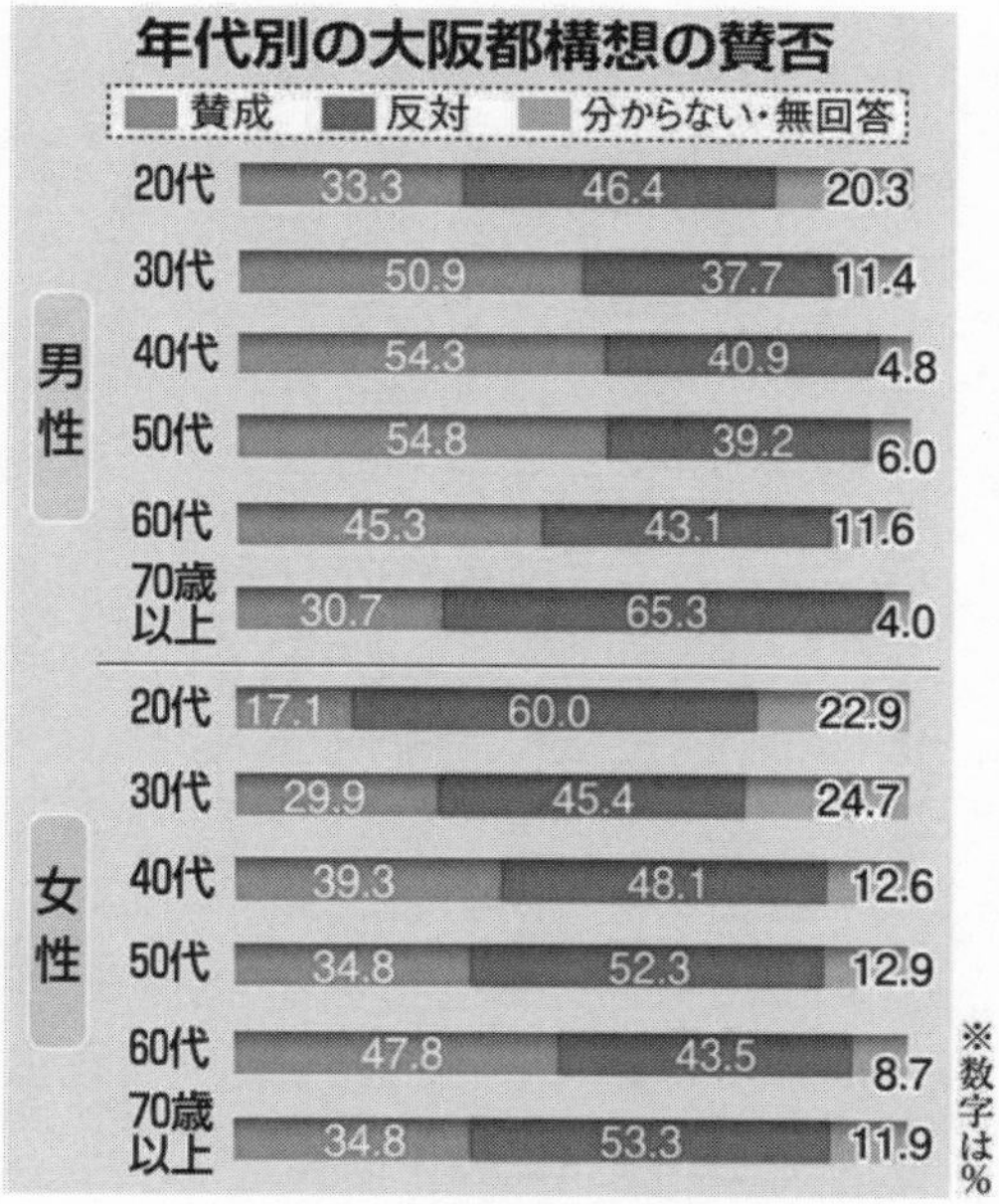

図１　年代別の大阪都構想の賛否
（産経新聞 2015 年５月 10 月世論調査）

図２　大阪都構想住民投票出口調査（読売テレビ住民投票特番）

辛坊氏らの「シルバーデモクラシー」論を導き出したことは言うまでもありません。

しかしこの乖離は、僅か1週間で20代、30代の賛否が劇的に変化したことを示しているわけではありません。むしろ、最終盤の「橋下徹を見殺しにするな」という扇情的なメッセージによって若年賛成層の多くが投票所に足を運んだということ、これに反して、20代、30代の反対層は、残念ながら投票所には足を運ばず、棄権に止まったということにすぎません。若年反対層の足を投票所に向けさせることができなかったこと、そこには反対派の運動と呼びかけの限界があったことも否めません。しかし、辛坊氏らが喧伝したような、「若者の希望を、高齢者が潰した」というような「シルバーデモクラシー」論が成立する余地はありません。若年層の投票率が高くなればなるほど、賛否の差はいっそう大きくなったはずだからです。

しかし、こうしたポピュリスト的攻勢にもかかわらず、賛成票がダブル選挙での橋下市長の得票に及ばなかったことこそが重要だったと言わなければなりません。橋下維新は、期待した程の「風」を吹かすことができなかったのです。すなわち、橋下氏の期待した「ふわっとした民意」は、そのエモーショナルな煽りにもかかわらず、橋下維新の下に結集することができなかったのです。換言すれば、大阪市民の多くは、すでに「風」に乗せられないほどに賢明になっていたのだとも言えるでしょう。

2　反対票をどう見るか

保革を超えた「オール大阪」の共同

反対の70万5585票、全有権者に対する絶対得票率33・53％という数字は、2011年のダブル選挙で平松元市長が得た約52万票と比べても、4月12日の大阪市議選で自民、公明、共産、民主の4党が獲得した約57万票と比べても大きく伸びています。しかも出口調査の結果から見て、自民支持層の約4割、公明支持層の約2割が賛成へと切り崩されたのを考慮すれば、反対票が4党の基礎票を大きく超えて広がったことに注目しなければなりません。反対派の保革を超えた「一点共闘」は「オール大阪」とも呼ぶべき広がりと深まりを実現し、「なにわの市民革命」とも言うべき状況を創り出しました。

「大阪をよくする会」「明るい民主府政をつくる会」が開催した府立体育館での集会に自民党府連最高顧問の柳本卓治参議院議員、竹山修身堺市長が登壇し、熱烈な連帯のメッセージが送られたのを皮切りに、難波高島屋前と梅田ヨドバシカメラ前で自民、共産、民主の国会議員が宣伝カー上に勢揃いした合同演説会。「民意の声」「府民のちから2015」「大阪市の分割解体を考える市民の会」「大阪市がなくなるで！　えらいこっちゃの会」「大阪市なくさんといてよ！　市民ネットワーク」「翔の会」「大阪市をよくする会」「明るい民主府政をつくる会」など広範な市民団体の共闘。大阪市地域振興会（町内会）、大阪市商店会総連盟、大阪府医師会、大阪府歯科医師会、大阪府薬剤師会、日本商工連盟大阪地区（商工会議所の政治団体）、大阪府トラック協会、大阪府バス協会、大阪府タクシー協会などの反対表明。藤井聡京都大学教授、森裕之立命館大学教授らが呼びかけ、筆者も参加した126名もの学者による共同記者発表（「『大阪都構想』の危険性を明らかにする学者記者会見」）などなど。まさに「オール大阪」の名に相応しい共同が実現したのです。

「なにわの市民革命」

この共同の姿が、日々、市民の目に見える形で展開したということが何よりも重要でした。つまり、「上の方で手を繋いでいるが、現場では」という形ではなく、むしろ市民の身近なところで、広範な共同の実現が実感されたということです。市内各地で党派を超えた共同宣伝行動や大小の集会、説明会がくり広げられました。多くの場合、偶然近くで行われていた各党派、各団体の行動が、「どうせならご一緒に」という形で、共同の取り組みに発展していきました。しかし、それは大阪市民にとって、文字通りいまだかつて見たことのない衝撃的な光景だったはずです。

またSNS上でも、党派、市民団体を超えた情報の発信と共有、励まし合いが旺盛に行われ、動画、アニメ、ポスターなど、それぞれの得意技を活かした膨大なコンテンツが共有・拡散されました。日本のネット社会にはいわゆるネトウヨが我が物顔で跋扈し、サイバー空間が民主主義にとっ

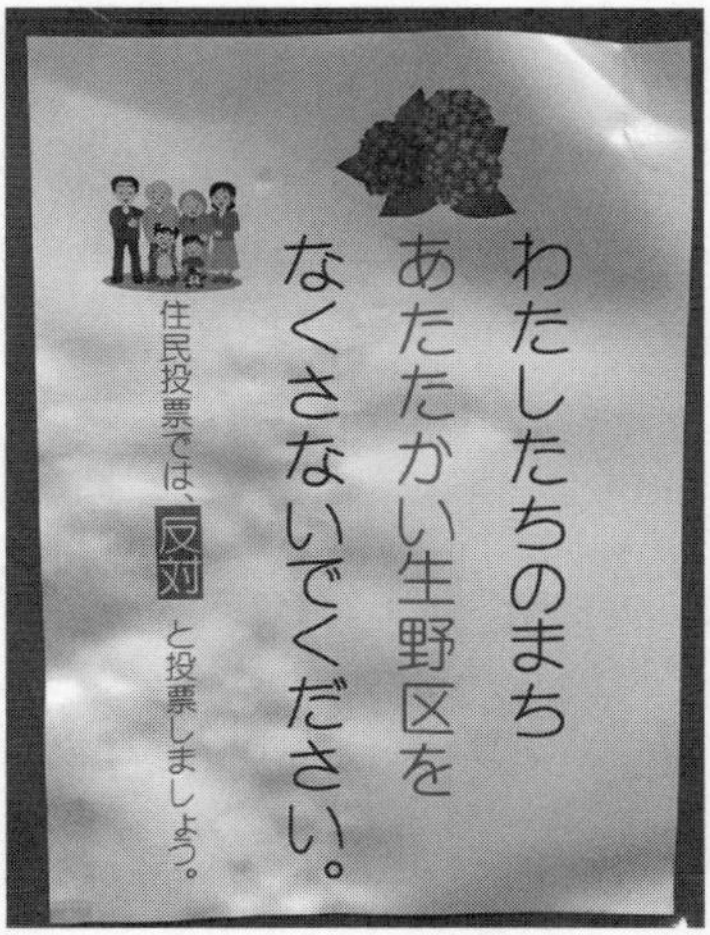
わたしたちのまち
あたたかい生野区を
なくさないでください。
住民投票では、反対と投票しましょう。

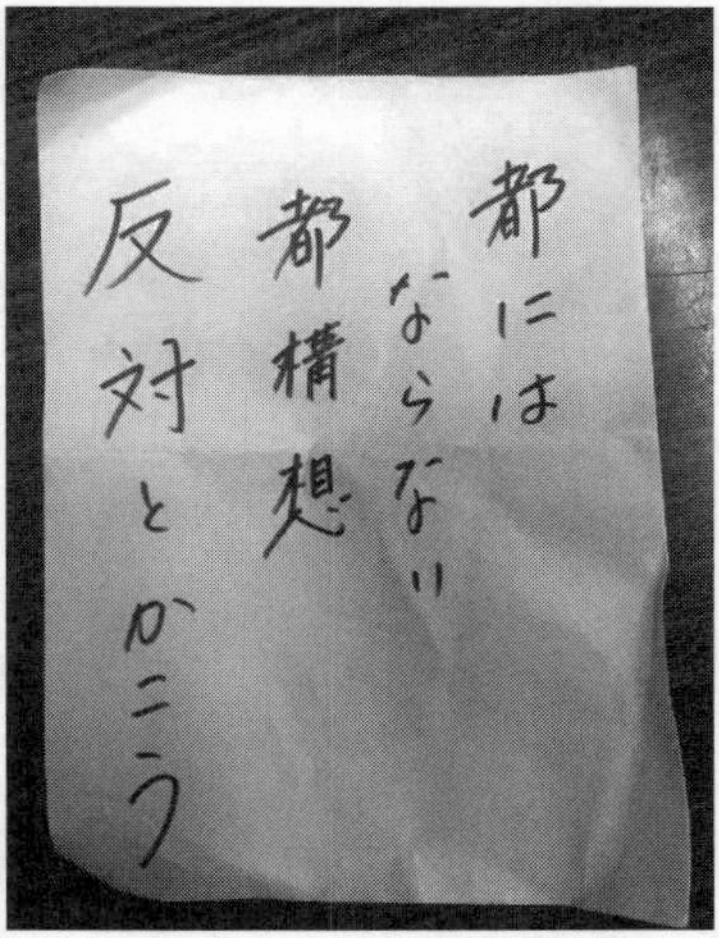
都には
ならない
都構想
反対とかこう

て有効な場になることはないのではないかと言われてきましたが、住民投票の闘いはそうした常識を見事に打ち破りました。５億円とも10億円とも言われる巨額な資金を投じた橋下維新の物量作戦を凌駕する情報が、ＳＮＳ上から発信され、資金や物量での劣勢を補うことができたのです。

さらに特筆すべきは、シール投票などを駆使した対話型宣伝行動や路地裏宣伝と路地裏対話をはじめ、地を這うような対面的対話の取り組みが市内全域において無数にくり広げられ、橋下維新のイメージ先行の物量作戦に対抗していったことでしょう。「CHANGE」「改革」「既得権益の打破」といった中味の乏しいイメージの喧伝に終始した橋下維新のキャンペーンに対して、一人ひとりの市民の足を止め、その場で対面的対話をくりひろげる戦術は、維新には絶対にマネのできない有効な反撃手段だったと言えるでしょう。

こうした共同の拡がりは、やがて市民一人ひとりの

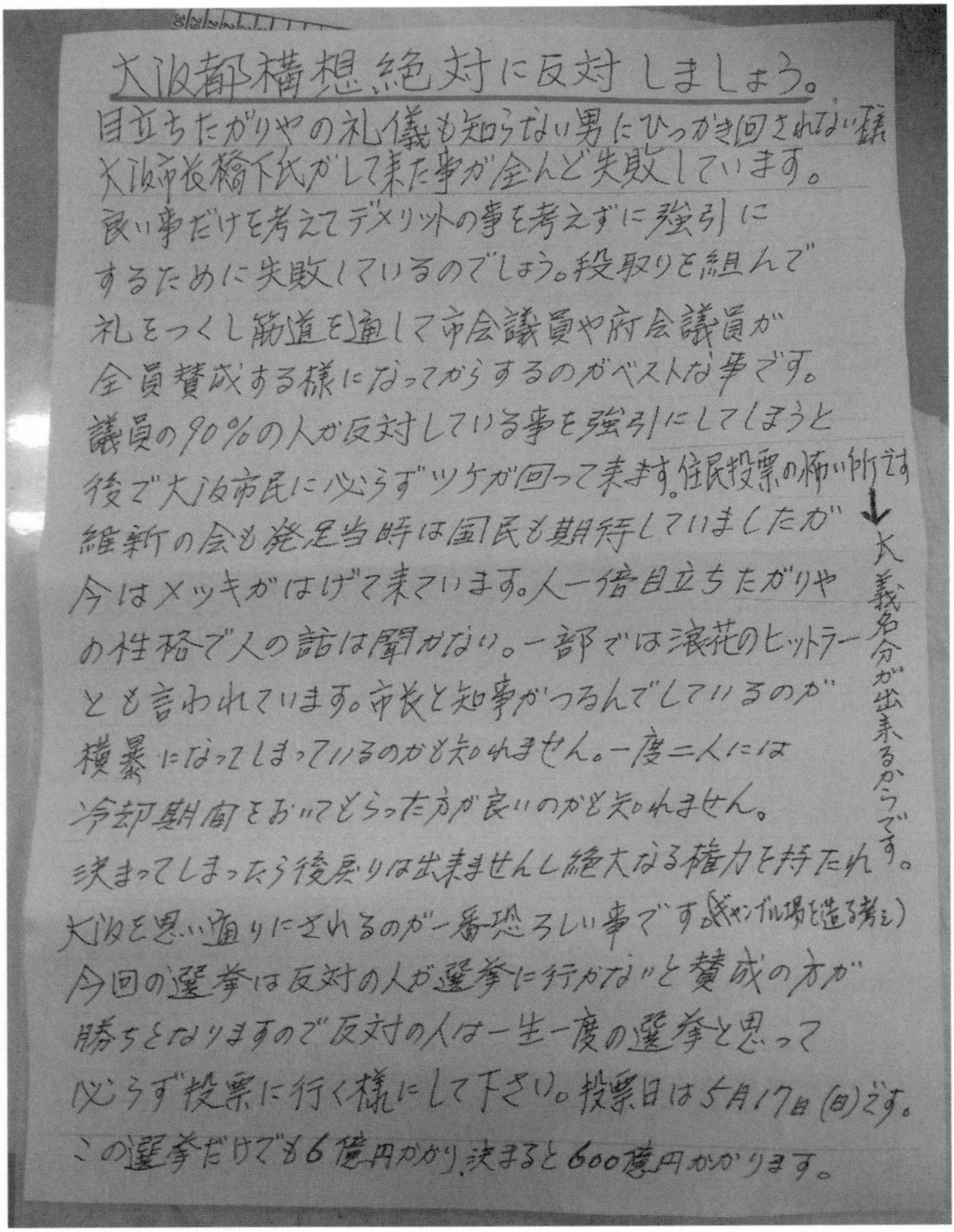

大阪都構想絶対に反対しましょう。

目立ちたがりやの礼儀も知らない男にひっかき回されない様に
大阪市長橋下氏がして来た事が全んど失敗しています。
良い事だけを考えてデメリットの事を考えずに強引に
するために失敗しているのでしょう。段取りを組んで
礼をつくし筋道を通して市会議員や府会議員が
全員賛成する様になってからするのがベストな事です。
議員の90%の人が反対している事を強引にしてしまうと
後で大阪市民に必らずツケが回って来ます。住民投票の怖い所です
大義名分が出来るからです。
維新の会も発足当時は国民も期待していましたが
今はメッキがはげて来ています。人一倍目立ちたがりや
の性格で人の話は聞かない。一部では浪花のヒットラー
とも言われています。市長と知事がつるんでしているのが
横暴になってしまっているのかも知れません。一度二人には
冷却期間をおいてもらった方が良いのかも知れません。
決まってしまったら後戻りは出来ませんし絶大なる権力を持たれ
大阪を思い通りにされるのが一番恐ろしい事です。(ギャンブル場を造る考え)
今回の選挙は反対の人が選挙に行かないと賛成の方が
勝ちとなりますので反対の人は一生一度の選挙と思って
必らず投票に行く様にして下さい。投票日は5月17日(日)です。
この選挙だけでも6億円かかり、決まると600億円かかります。

自発的な立ち上がりをも導き出しました。各地で組織・団体に属さない市民個人の手書きや手作りのチラシが撒かれはじめ、筆者が確認しているだけで10数種に及んだのです。本当に素朴な手書きのチラシをコンビニか何かでコピーして、街行く人びとに手渡しながら歩くお年寄りの姿は、「なにわの市民革命」を象徴するものではなかったでしょうか。まさに「山が動き出した」ことを確信させる出来事でした。

反対派は何を呼びかけたか

反対派による市民への呼びかけは、第1に「大阪都ができるわけではなく、大阪市が廃止されるだけだ」という根本的な嘘と誤魔化しの暴露にはじまり、「二重行政の解消」という主張の誤魔化し、住民投票に付されている「協定書」の中身のデタラメさ、特別区の設置による住民サービス低下の必然性、カジノ誘致や大型開発による成長戦略の欺瞞性などの徹底的な暴露に向けられました。反対運動はまさに「ウソと真実との闘い」という様相を呈したのでした。

第2に、多くの市民が十分に理解する余裕もないまま、大阪市廃止という重大決定を住民投票で問うという維新政治の手法に対する批判でした。橋下氏の「多数決は究極の民主主義」という皮相で危険な民主主義観には「熟議としての民主主義」が対置されたのです。これは、特別区が一度設置されてしまえば、政令市に戻す手続きが存在しないことの暴露と合わせて、「大阪都構想は片道きっぷ」「いっぺんやらして見よでは、あきまへん」「よくわからんかったら反対を」という呼びかけとして市民の間にも広く浸透していきました。

第3に、橋下市長と「9条改憲」を目指す安倍首相—菅官房長官ラインとの政治的取引を暴露し、「都構想」を止めることで、安倍首相の改憲の野望を挫こうとの呼びかけでした。この呼びかけに応えて、全国的な支援が大阪へと寄せられるとともに、住民投票期間中の橋下・松井両氏の官邸や創価学会本部との接触、さらに最終盤の16日に安倍首相と橋下市長とのランデブーを画策するなどした菅官房長官の策謀に対する警戒感が市民レベルにまで広がっていきました。

こうした広がりと内容を持った反対派の呼びかけが、大阪市民の間に急速に浸透し、それが70万を超える反対票の獲得に繋がっていったのです。住民投票の結果は僅差の勝利ではありましたが、保革を超えた共同とそれに応えた広範な市民の歴史的な勝利だったのです。

3　浮き彫りになった対抗軸

「市場」か「再分配」か

こうした住民投票の経緯と結果から、いかなる政治的対抗軸が浮き彫りになったのでしょうか。それは従来の保守と革新という対抗軸とは異なるものにほかなりませんでした。

その第1は、市場原理主義＝新自由主義に基づき、市場競争、効率化、民営化など「改革」を求める勢力と、都市自治体の再分配機能を維持・強化し、福祉、医療、教育、生活を守り抜こうとする広範な市民との間に現れた対抗軸です。それは、カール・ポランニー流に言えば、「市場」か「再分配」かという極めて原理的な対抗軸だったと言ってよいでしょう。

先に見たように、橋下維新のコアな支持層は、新自由主義イデオロギーを信奉する「勝ち組」ホワイトカラー層であり、自民支持層の約4割が切り崩されたのも、この対抗軸に沿って支持層が分断されたからにほかなりません。しかし、自民党大阪府連は「再分配」の側に踏みとどまり、安倍首相―菅官房長官ラインの執拗な干渉を跳ね除けて「オール大阪」の共同の中心に立ち続けたのです。

「福祉の党」を標榜してきた公明党・創価学会の陣営も、いわば、その金看板を問われる闘いとなりました。菅官房長官と近い創価学会本部の谷川桂樹事務総長―佐藤浩副会長ラインは、創価学会としては自主投票、公明党としての反対運動に党籍を持たない創価学会員を巻き込まない、公明党は他党派と街頭に立たない等々という様々な制約を課したと言われています。しかし公明党府本部も創価学会員組織もこうした制約を乗り越え、最後まで結束して「オール大阪」の側に踏みとどまり、当日の出口調査でも公明党支持層の8割以上が反対票を投じたとされています。しかし自民党も公明党・創価学会も、その内部に熾烈な緊張と葛藤が溢れていたに違いありません。しかしこの対抗軸は、それらの葛藤を乗り越えさせる程のものだったのだといえるでしょう。

「多数決」か「熟議」か

第2は、橋下市長の「多数決は究極の民主主義」とするポピュリスト的政治手法、メディア支配とデマゴギー、「白紙委任」を迫るマッチョな指導者志向に対して、議会制民主主義による「熟議」を守ろうとする市民との間に現われた対抗軸です。「ポピュリズム」か「民主主義」か、「多数決」か「熟議」か、あるいは「多数の独裁」か「民主主義」かという対抗軸だったと言えるでしょう。

住民投票は、「ハシズム」とも呼ばれた橋下維新政治の集大成でした。2014年10月の市議会と府議会で「協定書」が否決され、「都構想」は一度は葬り去られたはずでした。しかし、菅官房長官が仕掛けたとされる創価学会本部の圧力によって、公明党府本部が不可解な方針転換を余儀なくされ、「都構想」はゾンビの如く復活し今回の住民投票に付されたのでした。こうした議会における「熟議」の否定は、翻弄され煮湯を飲まされた公明党を含め、議会を構成する各党・会派とその支持層の維新政治への怒りを頂点にまで高めました。市議会・府議会で始まった各会派の共闘は急速に市民の間に拡大し、「オール大阪」とも呼ぶべき歴史的な「一点共闘」へと発展したのです。

住民投票は、言うまでもなくポピュリスト橋下市長の土俵であったといっていいでしょう。橋下市長は負ける気はしなかったと思います。メディアも橋下維新の勝利を疑っていませんでした。しかし、橋下市長は、手段を選ばず住民投票という自らの土俵に大阪市民を引き込んだ結果、「民主主義」の名の下に結束した市民の力によって、一敗地に塗れることとなったのです。

「中央追随」か「住民自治」か

第3は、とりわけ自民党支持層をはじめとする保守層、公明党支持層、創価学会員の間に広がったであろう政治的対抗軸です。それは、「改憲パートナー」として橋下徹という政治家の影響力の強化を図ろうとした首相官邸（安倍首相―菅官房長官ライン）とそれに追随する創価学会本部（谷川事務総長―佐藤副会長）の執拗な画策に対して、自民党府連と公明党府本部とその支持層が「中央政界の事情と思惑を大阪市政に持ち込むな」「大阪のことは大阪で決める」という立場で抵抗を貫いたことによって浮き彫りになりました。いわば「中央追随」か「住民自治」か、あるいは「中央の介入」か「自己決定」かという政治的対抗軸だと言えるでしょう。

そもそも２０１４年10月の府議会、市議会で否決され、葬り去られたはずの特別区設置の「協定書」が、突然ゾンビのごとく息を吹き返し、住民投票に付されることとなったのは、公明党府本部が不可解な方針転換を遂げたからでした。その背景には、９条改憲のための「改憲パートナー」として、橋下市長の中央政界進出を期待する安倍首相―菅官房長官ラインの思惑と、それを体した創価学会本部の谷川―佐藤ラインによる公明党府本部への強力な圧力があったと言われています。

住民投票に際しても、すでに見たように公明党府本部と創価学会組織には、創価学会本部から様々な活動上の制約が課せられたといわれていますが、それにもかかわらず、公明党は大阪市議団を先頭に、最後まで「オール大阪」の一翼を担いきったのです。

自民党大阪府連の場合はさらに深刻でした。大阪府連は一貫して「オール大阪」の中心を担って闘いましたが、安倍首相―菅官房長官ラインの首相官邸は、幾度も府連の頭越しに橋下市長と「都構想」にエールを送り、保革を超えた共同に不快感を露わにしました。橋下市長―松井知事も官邸との接触を試み、最終盤には安倍首相の来阪と橋下市長とのランデブーまで画策したのです。こうした「中央（官邸）の介入」に対して、自民党府連を踏みとどまらせ、支持層の4割をも切り崩されながら、徹底抗戦の姿勢を貫かせたのは、「大阪のことは大阪で決める」という「住民自治」と「自己決定」の立場にほかならなかったのです。

4　特殊大阪的現象か

「オール沖縄」と「オール大阪」

「大阪都構想」の住民投票を通じて浮き彫りとなった政治的対抗軸は、はたして特殊大阪的なものに過ぎないのでしょうか。

辺野古基地建設に対峙する「オール沖縄」の闘いでも、「大阪都構想」に反対する「オール大阪」の闘いでも、従来の保革の対立を乗り越えた広範な「一点共闘」が実現しています。さらに言えば、2015年1月の佐賀県知事においても、自民党県連が押した新自由主義的「改革」派の樋渡前武雄市長が保守分裂選挙の末、TTP（環太平洋パートナーシップ協定）の交渉強行に危機感を深める農協県連に推された山口祥義知事に敗れています。こうした一連の事態を沖縄の特殊性、大阪の特殊性、さらには佐賀の特殊性ということで済ましてしまうことができるのでしょうか。

沖縄と大阪（さらには佐賀）において起こっていることは、自民党とその支持層の中で進行する決定的な分裂であり、自民党と連立与党を構成する公明党・創価学会内部の深刻な分裂です。そして、この分裂の中から保革を超えた共同の可能性が開かれるという事態です。

確かに沖縄と大阪では、保守分裂の現象形態は大きく異なります。沖縄では、翁長県知事や仲里衆議院議員など、歴代自民党県連幹事長まで務めた人びとが自民党から排除されることで、大阪では維新の会が自民党から割って出ることによって、こうした保守分裂が展開したからです。

しかし、そこで共通して起こったことは、安倍首相―菅官房長官ライン的なものに反旗を翻した保守層が、保革を超えた共同の一翼を担う勢力として登場したことにほかなりません。

この分裂は自民党中央にも明らかな亀裂を走らせています。維新と対峙する自民党府連に理解を示した谷垣幹事長、二階総務会長ら党三役（さらには石破地方創生相）と、一貫して橋下維新を擁護し最後まで画策を続けた首相官邸との亀裂です。

同様の亀裂は、創価学会内部でも深刻化しています。菅官房長官に近いとされる谷川桂樹事務総長―佐藤浩副会長ラインと、安倍政権との連立解消を求める正木正明理事長―池田博正副理事長ラインとの確執であり、大阪でも沖縄でも、公明党・創価学会の組織と構成員はこの確執に翻弄されつつも、「オール大阪」「オール沖縄」の一翼を担ってきたのです。

「経済保守」「政治保守」と「社会保守」の分裂

ここで起きていることの本質は、社会学者の宮台真司氏流に言えば、新自由主義的な「経済保守」＋靖国派的な「政治保守」と、伝統的な「社会保守」との間の分裂・解体の進行と見ることができるでしょう。

保守層とは、何らかの社会的な価値を保守すべきだとの立場にある人びとだといえますが、戦後の自民党を支えてきた伝統的な保守層の多くは、それぞれの地域の風土や景観、習俗や伝統文化、地域に根ざした産業、地域における伝統的なコミュニティーなどを価値あるものとして保守する立場（「社会保守」）に立ってきたといえるでしょう。

こうした立場に立つ保守層にとって、カール・ポランニーのいう「悪魔の挽き臼」として、あらゆる伝統的・文化的価値を自由な競争の名の下にことごとく引き砕いていく市場の万能性を主張する市場原理主義＝新自由主義（「経済保守」）は、決して相容れることのできないものなのです。また、いたずらに他国や他民族への偏見や緊張を煽り立てる偏狭なナショナリズムや歴史修正主義（「政治保守」）も、格差と貧困の拡大を糊塗し、そこから不断に生ずる不満や不安を対外的な敵愾心に転化することによって秩序の維持を図ろうとする限りで、新自由主義（「経済保守」）とは親和的ですが、「社会保守」とは必ずしも親和的とはいえません。むしろ、今日のように「戦争する国づくり」が強行されるような状況では、戦争による破壊から社会的に価値あるものを保守しようとする「社会保守」の立場は、「政治保守」との矛盾を深めることとなるでしょう。

自民党という政党は、もともと「政治保守」「社会保守」の連合体だったといってよいのですが、1990年代以来、とりわけ小泉―竹中「構造改革」以降、「経済保守」の勢力が台頭し、それと「政治保守」との結合と主導権の獲得が進み、これらと「社会保守」との矛盾が徐々に深まってきたのです。

小泉―竹中「構造改革」による格差と貧困の拡大が、リーマン・ショックを契機に噴出し、「年越し派遣村」などを通じて社会問題化する中、かつて自民党を支持してきた「社会保守」層の多くは、「国民の生活が第一」を掲げる小沢民主党の支持へと劇的に転じ、歴史的な政権交代を実現させました。民主党政権が大きな失望の中で倒れた後も、2009年に自民党を離れた「社会保守」層は、自民党支持には回帰せず（衆議院議員総選挙の自民党の比例代表選挙での得票数は、2012年は1662万票、2014年は1766万票にとどまり、民主党に大敗した2009年の1881万票をいまだに回復していません）、自民党にも民主党にも戻れない層として、この間の選挙での大量棄権をもたらしています。

一方議員レベルで見ると、沖縄では「社会保守」の翁長県知事や仲里衆議院議員らが自民党から排除され、大阪では「経済保守」と「政治保守」の結合した大阪維新の会が自民党府連を割って出て行ってしまったため、自民党府連には比較的「社会保守」的な人びとが残っていたということです。

「社会保守」との保革を超えた共同

そして、この「社会保守」層との間では、市場万能主義＝新自由主義や偏狭で排外的なナショナリズムと歴史修正主義に反対する立場、すなわち、反「経済保守」・反「政治保守」の立場に基づく保革を超えた共同の可能性が大きく広がっているのです。まさにそれが、「オール沖縄」「オール大阪」として実現したということにほかなりません。

重要なのは、沖縄でも大阪でも共通に見られたように、政党・会派レベル、議員レベルの保革を超えた共同の実現は、自民党に戻れず、民主党にも失望し、行き場を失った「社会保守」層の受け皿となり、単なる政党・会派の数合わせを超えた広範な人びととの共同をもたらすということです。「なにわの市民革命」の経験は、まさにそのことを教えてくれているのです。

この保守層の分裂・解体は、大阪や沖縄に特殊な現象などではありません。何らかのきっかけさえ与えられれば、全国どこにおいても、そして全国規模で劇的にもたらされる可能性があるのです。現に「安全保障法制」＝「戦争法案」の廃案を求め、「立憲主義」を守り、安倍政権の打倒を目指す闘いでは、地方議会での意見書採択の動きを始め、「社会保守」との保革を超えた共同が全国規模で急速に広がりつつあるのです。

5　大阪のこれからを展望して

真近に控えた大阪市長、大阪府知事のダブル選挙をはじめ、これからの大阪のあり方に、「大阪都構想」をめぐる住民投票と「なにわの市民革命」の教訓をどのように活かしていくべきかという問題への答えは、本書の後の各章で語られるはずです。

本章の議論の結論として語るべきことは、ある意味、原理的なものでしかありません。「大阪都構想」の住民投票を通じて浮き彫りになった従来の保革の対抗軸とは異質な政治的対抗軸を正しく把握し、広範な「社会保守」の人びととの保革を超えた共同をどこまでも追求していくべきであろうということです。

それは原理的には、「再分配」「熟議」「自己決定」の3つ言葉に集約されるのではないでしょうか。市場万能、効率一辺倒の新自由主義的「改革」に抗し、都市自治体の再分配機能を有効に活用して、大阪市民、大阪府民の暮らしといのちを守ること。「食い倒れはいても、行き倒れはいない」という大阪の街の誇りを再確認し、誰もが暮らしやすい街を創り出すこと。そのためにも、議会の場でも、住民同士の間でも、安易な多数決に頼らない政治的な立場を超えた「熟議」の空間を創出し、自らの街の問題は住民自らが「自己決定」していくという住民自治の仕組みと市民文化を育て上げていくこと。

こうした方向を目指す取り組みは、「民意の声」が呼びかけた「新しい大阪の船出を記念する懇親会」や「『大阪都構想』の危険性を明らかにする学者記者会見」に参加した学者・研究者によって継続されている「シンポジウム『豊かな大阪をつくる』――『大阪市存続』の住民決断を踏まえて」などをはじめ、すでに多様な形で進められようとしています。

大阪市長、大阪府知事ダブル選挙は真近に迫っています。住民投票で示された市民の共同をよりいっそう発展させていくための共同候補の擁立と共通政策の策定を実現していかなければなりません。そのためにも、議会レベル、市民レベルの取り組みを急速に発展させていくことが求められているのです。

第3章　大阪ダブル選挙の投票結果から読み取れること

大阪ダブル選挙の投票結果

２０１５年11月22日に投開票された大阪府知事・市長ダブル選挙は、大阪維新の会の２勝という結果に終わりました。大阪府民・市民は、大阪維新の会による維新政治の継続を選択したことになります。

しかし、「大阪都構想＝大阪市廃止・解体構想」への再挑戦を阻止することも含め、橋下維新政治との闘いはこの選挙によって決着がついたわけではありません。ダブル選挙の勝利によって勢いづいた橋下徹氏の中央政界進出、安倍政権との「改憲タッグ」の形成とも闘っていかねばならないでしょう。反維新の一致点で従来の保守・革新の枠を乗り越えて広がった広範な府民・市民の共同の力をいっそう発展させ、大阪でも中央でも、橋下維新政治と対峙していかなければなりません。

本章では、ダブル選挙の投票結果の簡単な分析を通して、これからの闘いのための教訓を見いだす作業を試みて見たいと思います。敗北からよく学ぶものにこそ、必ず勝利の日が訪れるからです。

２０１５年11月22日の大阪ダブル選挙の投票結果を簡単に振り返ってみましょう。

府知事選の投票率は45・47％、当選した松井一郎氏の得票数は、２０２万５３８７票。対する栗原貴子氏の１０５万１１７４票にダブルスコアの大差をつけました。松井氏の得票は２０１１年ダブル選挙の２００万６１９５票をわずかに上回っただけですが、今年４月の府議選で維新が得た約１２７万票を大きく上回るものでした。他方、栗原氏の得票は、２０１１年ダブル選挙での倉田薫氏、梅田章二氏の得票合計約１５８万票、４月の府議選で自民、公明、民主、共産が得た得票の総計約１５７万票のいずれをも大きく下回っています。

他方、市長選の投票率は50・51％、当選した吉村洋文氏の得票数は、59万５１２７票。対する柳本顕氏の40万６２８６票に約19万票の差をつけました。吉村氏の得票は、２０１１年ダブル選での橋下氏の得票約75万票や５月の住民投票の賛成票約69万５０００票には大きく及びませんでしたが、４月の市議選の維新の得票約37万５０００票を約20万票上回りました。対する柳本氏の得票は、２０１１年ダブル選挙での平松邦夫氏の約52万票、５月の住民投票の反対票約70万５０００票に大きく及ばなかっただけでなく、４月の市議選での自民、公明、民主、共産の合計得票数約58万票にも遠く及びませんでした。

こうした投票結果と22日当日の出口調査の結果から以下のようなことが推測できます。

橋下維新の地を這うような「組織戦」

第1に、今回のダブル選は「風」頼みの「空中戦」などでは全くなかったということです。むしろ、各党派の組織票と組織票がガチでぶつかりあった「組織戦」「陣地戦」の選挙でした。投票率の低さがそれを物語るのですが、約67%という高投票率を記録した住民投票とは大きく様相を異にしたのです。

橋下維新は、30~50代の「勝ち組」中堅ホワイトカラー層を中心とした確固たる支持基盤を固め切り、さらに自民、公明、民主の支持層、とりわけ自民支持層を大きく切り崩す形で大量得票を得たのであり、橋下氏一流の若年貧困層をターゲットとしたポピュリスト的な煽りによって「ふわっとした民意」を取り込むことはできませんでした。

住民投票では、5億円とも10億円とも言われる潤沢な費用にものを言わせ、広告代理店を使った徹底的な宣伝戦をくり広げた橋下維新でしたが、今回のダブル選挙では、東京組との分裂騒動と政党助成金の争奪戦の果ての口座凍結によって十分な資金を確保できず、宣伝戦としてはひどく低調なものとなりました。

その代わり、橋下維新は傘下の地方議員に、徹底的で地を這うような「組織戦」「陣地戦」の遂行を命じました。「ブラック政党ですわ」と言う自嘲気味のぼやきが議員の口から聞こえたと産経新聞が報じたように、議員には1日に握手３００人、電話６００本、辻立ち10回という苛酷なノルマが課され、ノルマ達成のために厳しい監督体制が敷かれたとも報じられています。団体、企業、個人の名簿をもとに、自らの支持基盤をいち早く固めるとともに、自民党支持層の切り崩しに集中的に取り組む。そのような手堅く徹底した組織選挙をやり切ったことが橋下維新の勝因だったのです。大阪維新の会結成から5年半、橋下維新は「風」頼みの政治勢力から、強固な組織政党へと変貌を遂げたのです。私たちは、このことをしっかりと肝に銘じなければなりません。他方で反維新の側もまた、住民投票で示されたような「オール大阪」の共同の力で、広範な無党派層＝大量棄権層（自民にも戻らず、民主にも失望し、維新にも愛想をつかした大量棄権層）を惹きつけることができませんでした。

住民投票の高得票率は、橋下氏一流のポピュリスト的煽りの結果だっただけでなく、保守・革新の違いを超え、政党・政派の確執を乗り越えて展開した「オール大阪」の共同が、およそ25万にものぼる大量棄権層の足を投票所に向かわせた結果でもあったのです。後で述べるように、今回のダブル選挙では、この共同が必ずしも上手く機能せず、「オール大阪」は住民投票の時のような大量棄権層の受け皿となることができなかったのです。

自民支持層の切り崩しと公明・共産支持層の棄権

第2は、自民、公明、民主の支持層、とりわけ自民支持層が大きく切り崩されて維新支持に回り、さらに公明・共産の支持層の一定部分が棄権に回ったことにより、維新支持が拡大し、反維新支持が大きく減少したということです。

各社の出口調査によれば、自民支持層のうち市長選では3割以上、府知事に至っては5割程度が切り崩されて、維新支持に回ったとされています。自主投票にとどまった公明支持層も2割程度が切り崩され、民主支持層もまた4分の1が切り崩されました。

投票率が50%程度であった4月の統一地方選における各党の得票数から概算すると、自民支持層のうち府知事選では40万票近く、市長選でも7万票、公明支持層のうち府知事選で6万票、市長選で4万票、民主支持層のうち府知事選で3万票弱、市長選で1万票が維新に流れたと思われます。知事選で約50万、市長選で12万票が維新に上乗せされ、反維新から減ったということです。

そのうえ、公明・共産支持層の一定部分が棄権に回ったと想定すれば、先ほど述べた松井票200万、栗原票100万、吉村票60万、柳本票40万という結果はほとんど説明可能です。

松井票200万という数字は、驚異の目で受け止められがちですが、決して驚くべきものではなかったのです。30代から50代の中堅ホワイトカラー層を中心とする維新の強固な支持基盤を固め切り、自民党支持層の半分を切り崩せば、出るべくして出た数字がこれだったと言えるでしょう。

言うまでもなく、自民、公明、民主の支持層の維新による切り崩し、とりわけその半分が維新支持に回ったという自民党支持層の崩壊現象は、従来の保守・革新とは異質な政治的対抗軸である①「市場」か「再分配」か、②「多数決」か「熟議」か、③「中央追随」か「自己決定」か、という線に沿って、自民、公明、民主の支持層の中に大きな亀裂が走っていたからにほかなりません。

「経済保守」(新自由主義的＝市場万能主義的な「構造改革」を推進しようとする勢力)と「政治保守」(歴史修正主義的＝「靖国」派的な勢力)との同盟、そして、それらとは決して相容れない「社会保守」(地域の伝統的コミュニティーや文化的な伝統、農業、地場産業などを保守すべき価値と考える勢力)との間の分裂という今日の日本における保守層の分裂・解体状況が、その背景にあることは間違いありません。

この分裂・解体状況の中から、辺野古基地建設に反対する「オール沖縄」の共同や、「大阪都構想」住民投票での「オール大阪」の共同、さらには戦争法＝安全保障法制に反対する保守・革新を超えた共同の広がりという、新たな政治的展望が切り拓かれてきたのですが、今回のダブル選挙ばかりは、こうした保守層の分裂・解体状況がもっぱら維新の側に有利に働いたのだと言えるでしょう。

「オール大阪」の政治的な力量不足

第3は、反維新の「オール大阪」の側に、この対抗軸に沿って、無党派層＝大量棄権層を組織し、維新に切り崩された以上の支持を獲得する政治的力量がいまだ十分に備わっていなかったということです。

住民投票と違い候補者を選ぶ選挙では、党派の違いを超えて共同することは、いろいろな意味でハードルが高かったことは確かです。とりわけ、中山泰秀会長率いる自民党大阪府連が住民投票で支持層の4割を切り崩されたことへのトラウマから、維新に親近感を持つ「政治保守」層を繋ぎ止めるためとして、安倍首相からの推薦状や檄文、新聞広告への登場、稲田朋美氏をはじめとする「政治保守」的幹部・閣僚の街頭演説などを意識的に追及したことは、戦術的には理解できないわけではありませんが、「オール大阪」の共同にとっては大きな足枷となりました。

直前まで「安保法案」をめぐり安倍政権と総力を挙げて対峙していた共産支持層の足は止まり、一定数の棄権を生んだことは否定できないように思われます。こうして「オール大阪」の足並みは、大きく乱れることとなりました。

こうした「政治保守」的戦術によって、自民支持層の切り崩しは、市長選では住民投票時の4割から3割に減らせたとはいえ、知事選ではまったく歯止めをかけることはできず、むしろ約半分にまで拡大するのを防ぐことはできませんでした。

それどころか、こうして繋ぎ止めた自民支持層をはるかに上回る大量の無党派層＝大量棄権層の棄権を招くという結果をもたらしたのではないかと考えられます。自民にも戻らず、民主にも失望し、維新にも愛想を尽かした大量棄権層は、もはやメディアの吹かす「風」に踊らされることも、橋下氏一流のポピュリスト的政治手法に煽られることもありません。住民投票で、彼らのうちの20万から30万もの人びとが、「都構想」反対に投票するために投票所まで足を運んだのは、従来の保守・革新の壁を超えて固く手を結んだ「オール大阪」の共同に、これまでにない新しい政治の姿を見いだし、大きな期待と信頼感を抱いたからにほかなりません。

しかし、今回のダブル選挙では、「オール大阪」の足並みは大きく乱れ、彼らの期待と信頼をかち取ることができなかったのです。

同時に、SEALDsKansaiなどが呼びかけた「戦略的投票」という考え方を浸透させ切ることのできなかった革新側の未熟さもまた指摘されなければならないでしょう。「戦略的投票」は、言うは易く行うは難い高度な政治的判断です。判断に戸惑う一人ひとりに対して、丁寧な対話と説得を行うことなしには到底実現できるものではないことを理解すべきだったのです。

ダブル選挙から引き出すべき教訓

今回のダブル選から引き出すべき教訓は、①何よりも、保守・革新の違いを超えた共同の可能性を活かしていくために、政党・政派、市民団体が一層政治的に成熟し、その可能性を最大限に発揮していく力量を高めることが求められるということでしょう。新しい状況に対応する政治的主体がいまだ成熟途上にあることを、私たちは直視しなければならないのではないでしょうか。「オール沖縄」は名護市長選、県知事選、衆院選と幾度もの闘いを繰り返しながらその成熟を深めてきました。「オール大阪」はまだ緒についたばかりだと言わねばなりません。

②第2に、もはや「風」が吹かない中で、「オール大阪」もまた、地を這うような「組織戦」「陣地戦」に習熟しなければならないということでしょう。対面的な政治的対話の取り組みを日常的に旺盛に展開する以外に道はありません。今回のダブル選挙から学ぶべきはこの2点ではないでしょうか。

「オール大阪」に示された保革を超えた共同の可能性を活かし切り、「再分配」「熟議」「自己決定」の政治を取り戻すために、さらには「立憲主義」「民主主義」「平和主義」を回復するために、いま私たちには政治的な成熟と確固とした政治的力量の獲得が求められているのです。

第4章 「都構想」再チャレンジをめぐる問題の本質
―「維新政治」は大阪に何をもたらしたか？

はじめに

２００８年2月の橋下徹府知事の誕生、２０１０年4月の大阪維新の会の結党以来、いわゆる「維新政治」が大阪の街を席巻してきました。「維新政治」の一丁目一番地とも言うべき「大阪都構想」が、２０１５年5月17日の住民投票（大阪市における特別区設置についての住民投票）において反対多数で否決されたことによって、橋下徹前市長は第一線から退くこととはなったものの、同年11月の府市ダブル選挙で、吉村市長、松井知事が圧勝し、「維新政治」は継続することとなりました。

ダブル選後の「維新政治」は、地下鉄の民営化を強行し、さらには水道や卸売市場の民営化を企てるなど、「官から民へ」の市場原理主義路線に一層拍車をかけるとともに、夢洲でのカジノ万博開催へと突き進もうとしています。同時に、「副首都」構想という名のもとに「大阪都構想」への再チャレンジを画策し、政令市としての大阪市を廃止して特別区へと分割する手続きを進めるため、府市両議会のもとに「法定協議会」を設置して、再び「特別区設置のための住民投票」へと持ち込もうとしているのです。

橋下知事の登場からおよそ10年——。「維新政治」は、大阪の街に何をもたらし、何を残したのでしょうか?

本章では、この問いに3つの点から答えてみたいと思います。それは、①「維新政治」という不寛容なポピュリズムがもたらした市民の分断。それに対する寛容とリスペクトの政治、すなわち「オール大阪」の名のもとでの市民と政党の共同の展開。②モンスター的な集票マシンへと変貌した大阪維新の会。それに対抗すべき「オール大阪」の組織的な脆弱性。③新自由主義的＝市場原理主義的改革の絵に描いたような失敗とますます深刻化する大阪府の財政危機。追い詰められた結果の起死回生の打開策としての「都構想」と夢洲カジノ万博。

以上の3点を明らかにすることを通して、カジノ万博開催や「都構想」への再チャレンジの企てを阻止し、「維新政治」を打ち破って、これに終止符を打つ政治的な展望を明らかにして行くことができればと思います。

1　不寛容なポピュリズムと市民の分断

不寛容なポピュリズム

トランプ米大統領の就任とその後の彼の振る舞いを目のあたりにして、多くの大阪府民・市民は奇妙な déjà vu ＝既視感に襲われたことでしょう。そうです。橋下徹氏のそれと瓜二つだったのです。トランプ氏やフランスのル・ペン氏などに代表される不寛容なポピュリズムが、いまや世界の政治を席巻するかの勢いを見せていますが、大阪府民と大阪市民は、すでにその何年も前から橋下徹氏という稀代のポピュリストの洗礼を受けてきたのです。

不寛容なポピュリストが跋扈する背景には、１９９０年代半ば以降の市場原理主義に基づくグローバル化が、この世界に言語に絶する貧困と格差の拡大をもたらしてきたという重い現実が横たわっています。ビル・ゲイツ氏はじめ世界の富豪８人の資産が、下位36億７５００万人の総資産を上回るという富の偏在。米国では、上位１％の総資産が下位90％の総資産を上回ったと言われます。日本でも上位40人の総資産が下位50％の世帯が持つ資産を上回っているのです。

貧困と格差の拡大は、少しだけマシな暮らしを享受してきた中間層を崩壊させ、その境遇を不安定なものとするとともに、「自分たちばかりが重い税を負担しているのに何の恩恵も受けることなく、税金を納めていない貧乏人や年寄りたちに、自分たちの税が食い潰されている」という被害妄想に似た重税感を広げます。厳しい市場競争に晒され、いつ自分が貧困層に転落するかわからないという不安や、こうした被害妄想的な重税感が相俟って、中間層の中に不寛容なポピュリストへの期待と妄信が広がります。

中間層は自らの不安の原因を、真の敵である市場原理主義にではなく、移民、難民、民族的・宗教的マイノリティ、障がい者、性的マイノリティなどに、さらには生活保護受給者をはじめとする貧困層や高齢者層に求め、「あいつらのせいで、こんなことになったのだ」という憎悪を抱き始めます。

そして、こうした憎悪をあえて煽り立て不寛容とヘイトを事とするポピュリストに現状打破を期待するようになるのです。このとき敵は、叩きやすいものであれば誰でも構いません。フランスのル・ペン氏のように、その矛先を移民にだけではなく、エリートに向けることもあるのです。橋下徹氏が府市の公務員や教員の皆さんにその矛先を向けたことも、記憶に新しいところです。

ポピュリストたちは、人びとの間にある「違い」をことさらに暴き立てます。そして、自分たちと違うものに対する憎悪と排斥の感情を煽り立て、敵を徹底的に叩くことで、喝采を浴び支持を集めようとするのです。彼らを不寛容なポピュリストと呼ぶ所以です。

そこでは、自由や人権、個人の尊厳は、タテマエとして紙屑のように踏みにじられ、真実を語らなければならないという道義すらゴミ箱に投げ入れられます。タテマエに依らず、フェイクやデマに満ちた言動で、敵を激しく攻撃する「本音で語るマッチョなリーダー」が跋扈することになるのです。

大阪における「維新政治」がトランプ大統領やル・ペン氏を先取りする不寛容なポピュリズムであったことは、もはや言うまでもないでしょう。

不寛容なポピュリズムとしての「維新政治」

トランプ氏やル・ペン氏を先取りするような不寛容のポピュリズムがこの大阪の街に跋扈したのは、市場原理主義とグローバル化の進展とともに東京一極集中が進む中、大阪経済がかつての輝きを失い、相対的な衰退に陥ったことが大きかったように思います。不寛容なポピュリスト・橋下徹氏は、財政再建、「官から民へ」、「身を切る改革」、統治機構改革といったスローガンを掲げる改革者として自らをアピールするとともに、憎悪とヘイトの矛先を教員を含む府市の公務員へと向けました。「自分たちが納めた税金をシロアリのように食い潰す公務員たち」に向けられた憎悪とヘイトに、閉塞感と被害妄想的重税感に囚われた中堅ホワイトカラーをはじめとする中間層が熱烈な喝采と強固な支持を寄せていきました。

「閉塞感に駆られた若年貧困層」が橋下徹氏と「維新政治」を支持したという幻想が、ある種の都市伝説に過ぎなかったことは、2015年5月の住民投票の結果からも明らかになりました。「維新政治」のコアな支持層は、大阪市北部の高層タワーマンション群に住むような30代から50代の中堅ホワイトカラー層にほかならなかったのです。

「維新政治」の憎悪とヘイトの矛先は、公務員だけに向けられたわけではありません。藤井聡京都大学教授や薬師院仁志帝塚山学院大学教授をはじめとする「バカ学者たち」に向けられたヘイト。住民投票での敗北直後、辛坊治郎氏らが煽った「シルバーデモクラシーによって、若者の夢を年寄りが潰した」という高齢者に対するヘイト。日本維新の会から衆議院千葉1区に擁立される予定のフリーアナウンサー・長谷川豊氏による「自業自得の腎臓透析患者なんて、全員実費負担にさせよ！　無理だと泣くならそのまま殺せ！」という極めつけのヘイトなど、枚挙にいとまがありません。

こうしたヘイトにヤンヤの喝采を送る「維新政治」のコアな支持層と、こうした憎悪とヘイトを潔しとしない市民たちとの間には、「維新政治」以前にはあり得なかった深刻な対立と分断がもたらされることとなりました。市民の間に広がった亀裂と分断。これこそが、不寛容なポピュリズムとしての「維新政治」が大阪の街にもたらしたものの一つにほかならないのです

住民投票が拡大した遺恨と分断

2015年の「大阪都構想」を問う住民投票は、大阪の市民の間に広がった亀裂と分断を一層深め、ほとんど修復不能なまでに深刻化してしまいました。

「多数決こそが究極の民主主義だ」と公言して憚らない橋下徹氏は、熟議の府としての大阪府議会と大阪市議会の結論を、首相官邸や創価学会本部の介入による公明党府議団・市議団の不可

解な方針転換を引き出すことによって覆し、「大阪都構想」を熟議を伴なうことなく、住民投票という多数決に付しました。しかし住民投票の結果は、橋下氏の目論見に反して、66・83％という高投票率のもと、賛成69万4844票、反対70万5585票となり、1万0741票の僅差ではあるものの、反対派の勝利に終わりました。この結果、橋下氏は政界からの引退を余儀なくされ、不寛容のポピュリズムとしての「維新政治」は大きな挫折に見舞われることとなったのです。橋下氏が言うように「多数決が究極の民主主義である」のであれば、たとえ負けたとしても、住民投票という多数決の結果にしたがい、否決された「大阪都構想」はお蔵に入れて封印すべきでしょう。

しかし、松井知事と吉村市長は、自分たちが2015年11月の府市ダブル選に勝利したことを理由に、「都構想」への再チャレンジを標榜し、「特別区設置のための法定協議会」の設置と住民投票の実施に向けて走り出しているのです。自分たちが勝つまでは、何度でも住民投票にチャレンジするというのでは、まるで子どもの「勝つまでジャンケン」ではありませんか。

しかしそれも、ある意味当然のことなのかも知れません。なぜなら、熟議を伴わない多数決とは、そもそもそういうものなのです。熟議を伴わない多数決は、必ず遺恨と分断を残します。勝っても負けても遺恨が残ります。分断が残ります。だから「もう一度」となるのです。

私たちは、「民主主義の本質は多数決などではなく、熟議である」と主張して、橋下氏の「多数決こそが究極の民主主義だ」という議論を批判してきました。市民を分断し、憎悪を煽ることで支持と喝采を集めようとする不寛容のポピュリスト＝橋下徹氏にとっては、確かに遺恨と分断を残す多数決こそが「究極の民主主義」なのかも知れません。

しかし、市民の間に多様な意見の相違が存在することを前提として、お互いの意見を尊重しながら熟議を尽くし、一致点や妥協点を探って誠実な議論を重ねることで最大限の合意形成を図ること。これこそが民主主義の本質である熟議というものです。もちろん熟議を尽くした結果、どうしても全員一致の合意が形成できないこともあるでしょう。そうした時には、最後の手段として、あるいは熟議の失敗の結果として、多数決を行う必要があることまでは否定できません。しかしその場合も、少なくとも多数決の結果には「恨みっこなし」でしたがいましょうという最低限の合意が必要です。そうしなければ、遺恨と分断が残ってしまうからです。

「都構想」への再チャレンジが企てられるのは、住民投票が熟議を伴わない多数決として強行されたからにほかなりません。必要なのは熟議だったのです。住民投票という熟議を伴わない多数決が、市民の間に深刻な亀裂と分断、遺恨を残してしまったからこそ、「勝つまでジャンケン」のようなことになってしまっているのです。

寛容とリスペクトの政治としての「オール大阪」

不寛容なポピュリズムとしての「維新政治」は、大阪の府民、市民の中に、深刻な対立と分断、亀裂と遺恨を残してしまいましたが、その一方で、「維新政治」に反対する市民の間には、これまでに経験したことのない連帯と共同の絆がつくり出されました。広範な市民と自民党から共産党までの諸政党が、政治的立場や意見の違いを超えて、「維新政治」への対抗と「大阪都構想」反対で一致して行動した「オール大阪」の共同です。

住民投票を反対派の勝利に導いたものが、この「オール大阪」の共同の力であったことは誰にも否定できないことでしょう。府市ダブル選挙では、この「オール大阪」の共同に冷たい隙間風が吹き荒れ、十分な共同の力を発揮することができないという試練にも晒されましたが、不寛容なポピュリズムに対抗するには、広範な市民と諸政党が、お互いの立場や意見の違いを尊重しながら、一致する点で共同するという寛容とリスペクトの政治に習熟していく以外にはないという認識が、実体験を通じて多くの市民に共有されてきたことは確かです。

「不寛容なポピュリズム」には、「寛容とリスペクトの政治」を対置していくしかない。それは、トランプ氏に対抗し、一大旋風を巻き起こしたバーニー・サンダース候補の闘いや、メディアの下馬評を覆して極右ポピュリストの台頭を阻んだ、オーストリアの大統領選挙やオランダの総選挙、さらにはル・ペン氏の当選を阻んだフランス大統領選挙にも共通して見られることなのです。オーストリア大統領選で当選したファン・デア・ベルン氏の語った「これは不寛容に対する寛容の勝利だ」という言葉、これこそが不寛容なポピュリズムと闘う世界中の市民が共有すべき教訓にほかならないのです。

大阪における（その最初の共同の経験は堺市において生み出されたのですが）寛容とリスペクトの政治

――「オール大阪」の共同の経験もまた、10年にも及ぼうとする「維新政治」が大阪の街に残したものだと言ってもいいでしょう。

2 モンスター的集票マシンと化した大阪維新の会

2016年参院選大阪選挙区で

住民投票の敗北によって、稀代のポピュリストともいうべき橋下徹氏が第一線を退いて、さすがの大阪維新の会も失速するに違いあるまいとの期待が広がりました。しかしこの期待は、2015年11月の府市ダブル選挙と翌16年7月の参議院議員選挙の結果によって、見事に裏切られることとなりました。

とりわけ、参議院大阪選挙区で大阪維新の会が2議席を確保したことは、少なくとも大阪の地において、もはや維新の会は橋下徹氏のポピュリスト的な煽りに依存する「風」頼みの勢力などでは決してないということを明らかにしました。大阪維新の会は、結党から6年を経るなかで、いつの間にか、強固な支持基盤を組織的な投票へと動員することのできるモンスター的集票マシンに変貌していたのです。

全国政党としての「おおさか維新の会」が2016年参議院の比例区で獲得した得票は、僅か513万票に過ぎず、橋下氏率いる「日本維新の会」が12年の衆議院総選挙の比例区で獲得した

１２２６万票の半分以下に止まりました。「維新の会」には、もはやかつてのような勢いがないのも事実です。しかし、こと大阪に限っていえば、それほど単純ではありません。

大阪選挙区での大阪維新の会の得票は、１３９万７２１４票。府市ダブル選挙で松井府知事が獲得した２０３万票に比べれば、60万票も減らしています。しかし問題は、このおよそ１４０万票が、浅田均候補に72万７４９５票、高木佳保里候補に66万９７１９票と見事に２つに割られたということにほかなりません。これほど見事な票割りができたからこそ、維新の会は２議席を獲得できたのです。もしどちらかが１００万票を集めていれば、もう一方は間違いなく落選していたからです。

そもそも大阪維新の会が、公示直前になって、２人目の候補者として高木佳保里氏を擁立したのは、菅官房長官から松井府知事に対する強い要請があったからだと言われています。しかも高木候補は、参院選直前まで自民党の堺市議だった人物です。浅田候補と高木候補との不仲も噂されていました。そんな高木氏と維新の創立メンバーの一人である浅田氏に、見事に票を割り振ったのです。こんな芸当がどうして可能だったのでしょうか。

当初は、府の北部は浅田候補、南部は高木候補という地域割りが試みられたようですが、それが上手くいかないとわかると、大阪府議は浅田候補、大阪市議と堺市議は高木候補を支援するというように議員集団を２つに割って競わせるという方法がとられたようです。それにしても、こんなやり方で、票を２分することができるとは、どういうことなのでしょう。

「ブラック政党ですわ」とのボヤキ

5億円とも10億円ともいわれる巨費を投じて、テレビCM、新聞折り込み、オーロラビジョン搭載のトレーラーなど宣伝カー300台の投入など、ド派手な宣伝戦を展開した住民投票とは打って変わって、府市ダブル選挙や参院選での大阪維新の会の選挙戦は地味で目立たぬものでした。

しかし報道（『産経新聞』2015年11月30日）によれば、私たちの目の届かないところで、大阪維新の会は凄まじいまでの組織戦を展開していたのです。大阪府下と近辺選出の国会議員、府会議員、市会議員、町村会議員、総勢百数十人（当時）が、1人1日600件電話、300人握手、10辻立ちのノルマを課せられ、幹部による抜き打ちの巡回点検などを通じて、ノルマ達成を日々強いられていたというのです。それは、ある所属議員が「ブラック政党ですわ」と自嘲気味にボヤくほどのものだったといいます。

百数十人の議員が1日600電話ということは、毎日8万本もの電話が掛けられていたという計算になります。これほどに多くの電話が掛けられていたわりに、他党派の活動家からは不思議なほど、維新からの電話があったという話を聞きません。つまり、無差別電話を掛けまくっているわけではなさそうなのです。どのような名簿に基づいて掛けているのかは定かではありませんが、しっかりとした支持者名簿が議員ごとに整備されている可能性が高いのではないでしょうか。

参院選でも、議員それぞれの名簿に沿った1日8万本の電話を通じて、「浅田に入れて欲しい」

「高木に入れて欲しい」という依頼が飛んでいた。そのように考えれば、浅田候補と高木候補への見事なまでの票割りが成功した理由がわかるように思います。

これが大阪維新の会の強さの本当の理由なのではないでしょうか。大阪維新の会は、いまやモンスター的な集票マシンへと変貌したのです。10年弱の「維新政治」が大阪の街にもたらしたのは、こうしたモンスター的集票マシンと化した一つの政治勢力だったのです。

大阪維新の会のモンスター的集票マシンへの変貌は、橋下徹氏という稀代のポピュリストがもたらした府民・市民の分断を固定化するものにほかならないのです。

「オール大阪」の組織的脆弱さ

それでは、「維新政治」に対抗する市民と諸政党の共同としての「オール大阪」は、こうしてモンスター的集票マシンへと変貌した大阪維新の会とよく闘い得るのでしょうか。

「オール大阪」の側には、大阪維新の会が強固で組織的な集票マシンに変貌したという認識すら欠けているように思います。組織戦には組織戦を、陣地戦には陣地戦を。モンスター的集票マシンと化した大阪維新の会を撃ち破り、「大阪都構想」への再チャレンジや夢洲カジノ万博を阻止していくには、そして、大阪府政・大阪市政を市民の手に取り戻していくためには、大阪維新の会を凌ぐ組織的力量を「オール大阪」の側が身につけていかなければなりません。

この点が「オール大阪」にとって、大きく立ち遅れた課題となっていることは、残念ながら否定できません。「オール大阪」の共同を日常的に推進する市民と諸政党の共同組織を創り上げ、地を這うような対面的政治対話を繰り広げることのできる態勢を構築していくことが急務となっているのではないでしょうか。

3　新自由主義的改革の絵に描いたような失敗

深まる大阪府の財政危機

橋下徹氏は、財政危機に陥った大阪府の財政再建を断行するという旗を掲げて、府知事に当選しました。稀代の不寛容なポピュリスト・橋下氏と「維新政治」の原点は、緊縮政策による財政再建だったのであり、「官から民へ」「身を切る改革」というスローガンの下に展開された新自由主義的な行財政改革こそが、「維新政治」の本来の一丁目一番地だったのです。

それでは、橋下徹氏、松井一郎氏と二代続いた維新府政は、はたして府の財政再建に成功したのでしょうか。彼らはいろいろな手練手管を用いて、財政再建が進んだかのような主張を繰り返してきましたが、大阪府の財政は再建どころかますます悪化し、財政危機はこの間、一層深刻化したのです。このことは、11年度決算で大阪府の実質公債費比率が18%を超え、２０１２年以来今日に至るまで、府債の発行に総務大臣の許可が必要とされる起債許可団体へと転落していることから見ても、誰も否定し得ない事実です（大阪府が起債許可団体から脱却したのは２０１９年のことでした）。ちなみに２０１５年度決算における府の実質公債費比率は、19・４％。初めて起債許可団体に転落した２０１１年度の18・４％からさらに1ポイント悪化しています。これは、橋下氏、松井氏がどう言い繕おうと、厳然たる事実です。

緊縮財政を強行したのに財政危機を一層深めた。これはいったいどうしたことなのでしょうか。それは「維新政治」が、新自由主義的改革のまるで絵に描いたような見事な失敗例だったということにほかなりません。

新自由主義的緊縮政策の帰結

橋下氏、松井氏と二代続いた維新府政は、府の財政再建のための緊縮政策として、府民の生活に直結した医療、福祉、教育、子育て、中小企業支援などの財政支出をつぎつぎと削減していきました。その額は、２００８年からの7年間で１５５１億円。年間で平均２２０億円の支出を削減した計算になります。

しかし、このようにして府民生活を支える財政支出をカットしたのに、大阪府の財政は再建どころか一層危機を深刻化させ、この同じ7年間で、府債＝府の借金の残高を5兆８２８８億円（２００７年度）から6兆４１２６億円へと、５８４８億円も増加させてしまったのです。この結果、大阪府は２０１２年に起債許可団体に転落してしまったことは、先に述べた通りです

年間２２０億円もの支出カットを強行しながら、なぜ膨大な借金を重ねなければならなかっ

たのか。それは、大阪府の収入、つまり税収が劇的に減少してしまったからにほかなりません。2007年には1兆4260億円あった税収が、2014年には1兆2021億円にまで、2239億円も減少しているのです。年間220億円の支出削減をしたところで、その10倍の年間2200億円もの税収減があるのですから、財政再建などできるはずがありません。

どうしてこんなことになったのでしょうか。実は当然のことなのです。府民の生活や大阪経済を支える中小企業支援の財政支出を大幅にカットしたために、府民の消費は冷え込み、中小企業の経営は悪化して、大阪経済はこの7年間にますます停滞を深めたのです。その結果、府内の貧困と格差は一層拡大し、府民の担税力は急激に低下してしまったというわけです。

新自由主義的緊縮政策が、市場競争を活性化させ、経済成長をもたらして、税収を増加させるという理屈は机上の空論であり、幻想でしかありません。緊縮財政は当然のこととして、経済の一層の停滞を招き、貧困と格差を拡大し、税収を減少させて、財政危機を深刻化させるだけなのです。「維新政治」は、新自由主義的改革の絵に描いたような失敗例だったというわけです。

起死回生の打開策――「大阪都構想」と夢洲カジノ万博

「維新政治」が自らの失政が招いた大阪府の深刻な財政危機と大阪経済の停滞を糊塗するために、起死回生の打開策として打ち出したのが、①「大阪都構想」と②夢洲カジノ万博です。

①2015年5月の住民投票で否決された「特別区設置協定書」を見れば明らかなように、「大

阪都構想」とは、豊かな財源と強い権限を有する政令指定都市としての大阪市を廃止して、極めて限られた財源と権限しか持たない府の従属団体としての特別区へと分割するものにほかなりませんでした。そこで注目しなければならないのは、大阪市の廃止と特別区への分割を通じて、これまで大阪市に帰属していた大阪市民からの税収のうち、特別区に配分されるのは一部に過ぎず、年間2千数百億円もの税金が府に吸い上げられる仕組みになっているということです。

「維新政治」が新自由主義的緊縮政策という自らの失政で府財政に開けた年間2200億円の税収減という大穴を、大阪市を廃止・解体することで埋め合わせる。「大阪都構想」なるものの隠された狙いがここにあることは、疑う余地もありません。大阪維新の会が、再チャレンジしてまで「大阪都構想」に拘るのは、これが自分たちの失政のツケを大阪市民につけ回すという起死回生の打開策にほかならないからなのです。

②夢洲カジノ万博については、多くを語る必要はないでしょう。問題なのは、「維新政治」が自ら招いた大阪経済の長期停滞をカジノと万博によって打開しようという、その頽廃ぶりです。このこと一つとっても、「維新政治」の反府民・反市民的な本質が明白に表れていると言っていいのではないでしょうか。

むすびにかえて

「維新政治」は、「大阪都構想」への再チャレンジとして、大阪市民に、総合区、特別区、合区を巡る選択を迫ろうとしています。この選択に対する賢明な対応を行うためにも、この選択を市民に突きつけてくる「維新政治」とは何ものなのかを知ることが必要です。

本章では、①「維新政治」という不寛容なポピュリズムがもたらした市民の分断。それに対する寛容とリスペクトの政治、すなわち「オール大阪」の名のもとでの市民と政党の共同の展開。②モンスター的な集票マシンへと変貌した大阪維新の会。それに対抗すべき「オール大阪」の組織的な脆弱性。③新自由主義的＝市場原理主義的改革の絵に描いたような失敗とますます深刻化する大阪府の財政危機。追い詰められた結果の起死回生の打開策としての「都構想」と夢洲カジノ万博、という3つの視点から、10年に及ぼうとする「維新政治」が大阪の街にもたらしたもの、残したものを明らかにしたつもりです。

「維新政治」が、どうしてここまで執拗に「大阪都構想」――すなわち政令市としての大阪市の廃止と特別区への分割――に拘るのか。そのことを十分に理解したうえで、突きつけられようとしている選択に賢明に向き合っていくことを広範な市民に期待したいと思います。

第5章　維新政治の席捲と労働組合攻撃
──なぜ公務員労組は狙い撃ちされたのか

はじめに

維新による公務員労組攻撃の政治的・社会的背景について論じることが、本章の課題です。筆者はこれまでも、維新政治に関して様々な機会に論じてきました。本章ではこれまでの議論を踏まえ、維新政治の特質を、①不寛容なポピュリズムによる市民の分断、②新自由主義的改革の絵に描いたような失敗、③市民の分断の固定化と維新のモンスター的集票マシンへの変貌という3点から捉え、そのうえで、なぜ維新は公務員労組を攻撃対象として選び、これを狙い撃ちにしてきたのかという問いについて考えていきたいと思います。

維新は、今日の世界を席捲しつつあるかに見える「不寛容なポピュリズム」の先駆として登場し、公務員労組をその不寛容な憎悪と排斥の対象として選びました。そして、新自由主義的な緊縮政策を断行するや、まるで絵に描いたような見事な失敗を演じました。この失敗を糊塗し、自らの失政が空けた財政上の大穴を埋め合わせるための起死回生の打開策として「大阪都構想」と夢洲カジノ万博を打ち出しつつ、その「不寛容なポピュリズム」がもたらした市民の分断を固定化、組織化して、自らをモンスター的集票マシンへと変貌させることに成功しました。以上が本章の提示する見立てです。

この見立てについてやや詳しく展開したうえで、なぜその不寛容な憎悪と排斥の対象が公務員労組だったのかという問題の検討へと進んで行きたいと思います。

不寛容なポピュリズムとしての維新政治

米国におけるトランプ政権の登場は、先進諸国の政治が「不寛容なポピュリズム」対「寛容とリスペクトに基づく市民の共同」という対立軸を巡って展開する激動の時代に入ったことを象徴する出来事でした。その後も、オーストリア大統領選での「寛容」を掲げた中道左派候補の勝利、オランダ総選挙での極右・自由党の敗退、フランス大統領選と総選挙でのル・ペン氏と極右・国民戦線の敗北、イギリス総選挙でのジェレミー・コービン氏率いる労働党の劇的な躍進など、この対立軸を巡る各国の政治は、まさに激動の名に相応しい展開を見せています。東京都議選における自民党の歴史的惨敗と「一強」と呼ばれた安倍政権の劇的な支持率低下もまた、こうした激動の一コマと言ってよいでしょう。

それにしても、トランプ米大統領の就任とその後の彼の振る舞いを目のあたりにして、多くの大阪府民・市民は奇妙な déjà vu（＝既視感）に捕らわれたことでしょう。橋下徹氏のそれと瓜二つだったからです。

「不寛容なポピュリスト」が今日の世界に跋扈する背景には、1990年代半ば以降の市場原理主義に基づくグローバル化が世界全体に言語に絶する貧困と格差の拡大をもたらしてきたという深刻な事態が横たわっています。

貧困と格差の拡大は、少しだけマシな暮らしを享受してきた中間層を崩壊させ、その境遇を不安定なものとするとともに、「自分たちばかりが重い税を負担しているのに何の恩恵も受けることなく、税金を納めていない貧乏人や年寄りたちに、自分たちの税が食い潰されている」という被害妄想的な重税感を広げてきました。日常的に厳しい市場競争に晒され、いつ自分が貧困層に転落するかわからないという不安や、こうした被害妄想的な重税感が相俟って、中間層の中に「不寛容なポピュリスト」への期待と妄信が広がりはじめました。

中間層は自らの不安の原因を、真の敵である市場原理主義にではなく、移民、難民、民族的・宗教的マイノリティ、障がい者、性的マイノリティなどに、さらには生活保護受給者をはじめとする貧困層や高齢者層に求め、「あいつらのせいで、こんなことになったのだ」という憎悪を抱き始めます。そして、こうした憎悪をあえて煽り立て、不寛容とヘイトをこととするポピュリストに現状打破を期待するようになるのです。このとき敵は、叩きやすいものであれば誰でもよいのです。フランスのル・ペン氏のように、その鉾先をエリートに向けることもあります。橋下徹氏が教職員を含む府市の公務員労組にその鉾先を向けたことも、記憶に新しいところです。

ポピュリストたちは、人びとの間にある「違い」をことさらに暴き立てます。そして、自分たちと違うものに対する憎悪と排斥の感情を煽り立て、敵を徹底的に叩くことで、喝采を浴び支持を集めようとします。これこそが彼らを「不寛容なポピュリスト」と呼ぶ所以です。

そこでは、自由や人権、個人の尊厳は、タテマエとして紙屑のように踏みにじられ、真実が語られるべきであるという道義すらゴミ箱に投げ入れられます。タテマエに依らず、フェイクやデマに満ちた言動で、敵を激しく攻撃する「本音で語るマッチョなリーダー」が跋扈することになるのです。

大阪における維新政治がトランプ大統領やル・ペン氏を先取りする「不寛容なポピュリズム」であったことは、もはや言うまでもないでしょう。

「不寛容なポピュリズム」が大阪の街に跋扈したのは、市場原理主義とグローバル化の進展とともに東京一極集中が進む中、大阪経済がかつての輝きを失い、相対的な衰退に陥ったことが大きな原因でしょう。不寛容なポピュリスト・橋下徹氏は、財政再建、「官から民へ」、「身を切る改革」、統治機構改革といったスローガンを掲げる改革者として自らをアピールするとともに、憎悪とヘイトの鉾先を教職員を含む府市の公務員労組へと向けました。「自分たちが納めた税金をシロアリのように食い潰す公務員たち」に向けられた憎悪とヘイトに、閉塞感と被害妄想的重税感に囚われた中堅ホワイトカラーをはじめとする中間層が熱烈な喝采と強固な支持を寄せていったのです。

新自由主義的改革の絵に描いたような失敗

橋下徹氏は、財政危機に陥った大阪府の財政再建を断行するという旗を掲げて、府知事に当選しました。稀代の不寛容なポピュリスト・橋下氏と維新政治の原点は、緊縮政策による財政再建でした。「官から民へ」「身を切る改革」というスローガンの下に展開された新自由主義的な行財政改革こそが、維新政治の一丁目一番地だったわけです。

それでは、橋下、松井と二代続いた維新府政は、府の財政再建に成功したのでしょうか。彼らは手練手管を尽して、財政再建が進んだかのような主張を繰り返してきました。しかし府財政は、再建されたどころかますます悪化し、財政危機はこの間一層深刻化したのです。２０１１年度決算で大阪府の実質公債費比率は18％を超え、府債の発行に総務大臣の許可が必要とされる起債許可団体へと転落し、この状態から脱却するのに、２０１９年までかかりました。これは誰も否定し得ない事実です。ちなみに15年度決算における府の実質公債費比率は19・４％で、起債許可団体に転落した11年度の18・4％からさらに1ポイント悪化しています。これもまた厳然たる事実です。

緊縮財政を強行したのに財政危機を一層深めたという事実は、いったい何を意味するでしょうか。それは維新政治が、新自由主義的改革の絵に描いたような失敗例にほかならなかったということです。

橋下、松井と二代続いた維新府政は、府の財政再建のための緊縮政策として、府民の生活に直結した医療、福祉、教育、子育て、中小企業支援などに関わる財政支出をつぎつぎと削減していきました。その額は、２００８年からの7年間で１５５１億円。年間で平均２２０億円の削減という計算になります。その帰結が、大阪府の税収を劇的に減少させ、年間２２００億円もの税収減を招いて、府財政をさらに悪化させてしまったことについては、第4章で述べた通りです。

府民の生活や中小企業支援の財政支出を大幅にカットしたために、府民の消費は冷え込み、中小企業の経営は悪化して、大阪経済はこの7年間にますます停滞を深めたのです。その結果、府内の貧困と格差は一層拡大し、府民の担税力は急激に低下してしまったのです。

新自由主義的緊縮政策が、市場競争を活性化させ、経済成長をもたらして、税収を増加させるという理屈は幻想でしかありません。緊縮財政は当然のこととして、経済の一層の停滞を招き、貧困と格差を拡大し、税収を減少させて、財政危機を深刻化させるだけです。「維新政治」は、新自由主義的改革の絵に描いたような失敗例だったというわけです。

維新が自らの失政が招いた大阪府の深刻な財政危機と大阪経済の停滞を糊塗するために、起死回生の打開策として打ち出したのが、「大阪都構想」でした。

２０１５年５月の住民投票で否決された「特別区設置協定書」を見れば明らかなように、「大阪都構想」とは、豊かな財源と強い権限を有する政令指定都市としての大阪市を廃止して、極めて限られた財源と権限しか持たない府の従属団体としての特別区へと分割するものにほかなりません。

そこで注目しなければならないのは、大阪市の廃止と特別区への分割を通じて、これまで大阪市に帰属していた大阪市民からの税収のうち、特別区に配分されるのは一部に過ぎず、年間２千数百億円もの財源が府に吸い上げられるという仕組みになっているということです。維新政治が新自由主義的緊縮政策という自らの失政で府財政にあけた年間２２００億円の税収減という大穴を、大阪市を廃止・解体することで埋め合わせる。「大阪都構想」なるものの隠された狙いがここにあることは、疑う余地もありません。維新が、再チャレンジしてまで「大阪都構想」に拘るのは、これが自分たちの失政のツケを大阪市民につけ回すという起死回生の打開策にほかならないからです。

夢洲カジノ万博については、多くを語る必要もありません。問題なのは、維新政治が自ら招いた大阪経済の長期停滞をカジノと万博によって打開しようという、その頽廃ぶりでしょう。

モンスター的集票マシンと化した大阪維新の会

住民投票の敗北によって、稀代のポピュリストとも言うべき橋下徹氏が第一線を退き、さすがの維新も失速するに違いないとの期待が広がりました。しかしこの期待は、２０１５年11月の府市ダブル選挙と翌16年７月の参院選の結果によって、見事に裏切られました。

とりわけ、参議院大阪選挙区で大阪維新の会が２議席を確保したことは、少なくとも大阪の地において、もはや維新の会は橋下徹氏のポピュリスト的な煽りにのみ依存する勢力ではないということを明らかにしました。大阪維新の会は、結党から６年を経るなかで、強固な支持基盤を組織的な投票へと動員し得るモンスター的集票マシンに変貌していたのです。

その変貌ぶりについては、序章と第４章で触れた通りです。

なぜ公務員労組が狙い撃ちにされたのか

本章に課せられた「なぜ公務員労組が狙い撃ちにされたのか」という問いには、維新政治についてのここまでの分析で、すでに大筋で答えることができたのではないかと思います。

「不寛容なポピュリズム」という政治手法を駆使して、新自由主義的な行財政改革を断行しようとした橋下氏と大阪維新の会にとって、教職員を含む府市の公務員労組は、二重の意味で格好の標的とみなされたのであり、この標的の設定はある意味、極めて合理的な判断に基づくものだったと考えられます。

それは第1に、新自由主義的な行財政改革を断行するうえで、①財政緊縮のためにも、②行政サービスの縮減のためにも、さらには③府市庁内での首長権力を強化するためにも、「抵抗勢力」たり得る府市の公務員労組の力を大きく削いでおく必要があったということです。こうした標的設定においては、維新政治に先行した小泉純一郎首相の「構造改革」路線から学ぶところが大きかったのではないかとも思われます。新自由主義的行財政改革と「不寛容なポピュリズム」の日本における元祖とも言うべき小泉―竹中「構造改革」ですが、その一丁目一番地たる「郵政改革」をはじめ、一連の新自由主義的改革を断行するにあたって、自民党「族議員」と霞ヶ関の官僚組織が「抵抗勢力」として、ポピュリズム的な攻撃のターゲットとされたことは記憶に新しいところです。

現に橋下氏と維新が、竹中平蔵、高橋洋一、野村修也の各氏をはじめ、小泉―竹中「構造改革」路線を支えた人脈を府市の特別顧問などに積極的に迎え入れ、野村氏に至っては、その公務員労組攻撃の執行役に当てられたという事実は周知のことでしょう。小泉―竹中「構造改革」と維新政治との類似性は決して偶然ではありません。むしろ、後者は前者の「二番煎じ」に過ぎないとさえ言ってもよいでしょう。

しかし単なる小泉―竹中「構造改革」の「二番煎じ」ということであれば、その攻撃の標的は府市の幹部公務員ないしは公務員一般、あるいは公務員組織そのものではあったとしても、教職員を含む府市の公務員労組ではなかったはずです。小泉―竹中「構造改革」と維新政治との微妙な相違点はここにあったと言ってよいでしょう。ここに第2の問題があります。すなわち、維新政治によるポピュリズム的攻撃の鉾先はなぜ、幹部公務員や公務員一般、ないしは公務員組織そのものにではなく、あえて公務員労組に向けられたのでしょうか。実は、ここにこそ維新政治の特異性が見られるようにも思われます。この特異性は、何に由来するのでしょうか。以下では、右の2つの問題について、いま少し検討してみたいと思います。

新自由主義的改革と公務員労組攻撃

まずは、新自由主義的改革と公務員労組攻撃との関係という問題です。これには、①財政緊縮のための人件費削減と人員削減に関わる問題、②行政サービスの縮減をめぐる問題、③府市庁内における首長権力の強化の問題という3つの要素との関係が見出されます。

①財政再建を掲げた維新政治が、財政支出削減のために真っ先に手をつけたのが、公務員給与の削減と公務員の人員削減、そして職員の非正規化と業務の外部委託であったことは言うまでもありません。新自由主義的緊縮政策は、手っ取り早く行なえる人件費削減から始まります。現に橋下市

政下で、大阪市の公務員給与は1割以上もカットされ、京都市の公務員給与水準を1割程下回るようになったとされています。また、公務員の新規採用も大きく削減され、退職した正規職員の後任が次々と非正規職員に置き換えられる一方で、区役所の窓口業務はじめ多くの業務が竹中平蔵氏率いるパソナグループなどへと外部委託されていきました。

府市の教職員を含む公務員の給与水準の低下や人員削減による労働条件の悪化は、職員条例などによる公務員への締め付けとも相俟って、人材の流出と採用試験への志望者の減少をももたらすなど、学校を含む府市の公務労働の現場を疲弊の極みへと追い込んでいきました。こうした人件費削減と人員削減を強行するにあたって、公務員組織そのものと公務員一般の抵抗を排除する必要があったことは言うまでもありません。問題が公務員の給与や労働条件に関わるものである以上、公務員労組を攻撃の対象として、その抵抗力を削ぎ落とすことは、公務員組織ないしは公務員一般の抵抗を排除するうえで、極めて有効なものであったと言ってよいでしょう。要するに、人件費削減や人員削減による財政支出削減の断行に対する公務員組織からの抵抗を排除するため、公務員労組はそのスケープゴートとして、ポピュリスト的攻撃の標的に選ばれたのです。

②さまざま行政サービスの縮減も、新自由主義的緊縮政策による財政再建を目指す維新政治の主要な側面でした。国、地方を問わず、こうした財政支出削減には、公務員組織、とりわけ予算削減を強いられる関係部局による激しい抵抗が当然のこととして想定されます。予算削減は、権限の削

減にほかならず、部局の存在意義すらも左右しかねない死活問題だからです。こうした抵抗は、利害関係を共にする議員（いわゆる「族議員」）や行政サービスの受益者たる業界団体などの利益集団をも巻き込んで、いわゆる「アイアン・トライアングル＝鉄の三角同盟」を挙げての抵抗へと発展する可能性を帯びています。小泉首相が「抵抗勢力」と呼んだものも正体が、こうしたアイアン・トライアングルの総体にほかならなかったことは言うまでもありません。維新政治は、こうした「抵抗勢力」による抵抗の排除を、アイアン・トライアングル総体との対決を避けつつ、公務員労組への攻撃へと微妙にずらしながら行なおうとしたものであるとも考えられます。敵は叩きやすいものに限るからであり、この後で見るように、公務員労組は実に叩きやすい対象だったからにほかなりません。

③府市庁内における首長権力の強化という要素は見やすいところでしょう。首長権力の強化にとって、首長に盾突き、モノ申す勢力を槍玉に挙げ、見せしめとして激しく攻撃し、排斥することは極めて有効だとされなければなりません。維新政治はこの面でも、教職員を含む府市の公務員労組に対して牙を剥き、公務員組織全体の委縮と首長権力への服従を求めるための「見せしめ」にしようとしたわけです。

公務員労組が攻撃対象とされた理由

前節で検討したように、新自由主義的な行財政改革を断行しようとする維新政治には、小泉―竹中「構造改革」と同様に、幹部公務員や公務員一般、ないしは公務員組織そのものからの抵抗を排除することが第一義的に求められていました。

しかし実際には、そのポピュリズム的な攻撃とヘイトの鉾先は、総体としてのアイアン・トライアングルないしは幹部公務員や公務員一般を含む公務員組織全体に向けられる以上に、教職員を含む府市の公務員労組へと集中されたのです。確かに、人件費削減や人員削減、労働条件の悪化を伴う新自由主義緊縮政策に対して、当然のことながら公務員労組は激しく抵抗すべき存在であり、知事や市長の首長権力に盾突き、モノ申すべき存在ではあります。この公務員労組をスケープゴートとして、不寛容な攻撃とヘイトの標的として排斥することは、公務員組織全体の抵抗を排除するうえで、極めて有効な手段であったと言えるでしょう。

しかしここまでの検討によっては、維新政治のポピュリズム的な攻撃と排斥のターゲットが、公務員一般や公務員組織そのものではなく、なぜ公務員労組に向けられたのかという問いには十分に答えきれていないように思われます。

ここで改めて問題とすべきは、「不寛容なポピュリズム」としての維新政治が、中間層の抱く①

新自由主義とグローバル化に伴なう激しい競争に晒され続ける不安感、②東京一極集中と大阪経済の総体的な衰退による閉塞感、③「自分たちだけが負担している税金を高齢者や貧乏人が食い潰す」という被害妄想的重税感などを煽り立てる一方で、府市の公務員労組を攻撃と排斥の標的に設定し、こうした層の喝采を集めたということです。

筆者はこれまで、維新政治のコアな支持層が大阪市北部の高層タワーマンション群等に住む30代から50代の「勝ち組」男性中堅ホワイトカラー層であろうと論じてきました。こうした社会層こそが、公務員労組に対する憎悪にも似たネガティヴな感情の主な担い手だったのであり、彼らこそが維新による公務員労組攻撃に激しく喝采を贈ったものの正体だったのです。

そして、この社会層が抱く公務員労組への憎悪にも似たネガティヴな感情こそが、維新政治のポピュリスト的攻撃の標的を公務員労組へと向けさせた真の理由ではないかと思われるのです。

彼らは、日夜、グローバル化する市場経済に向き合い、企業内外の激しい競争に晒されています。そして、格差と貧困の拡大する大阪の街において、少しはマシな生活を誇ってはいますが、一敗地に塗れれば、惨めな「負け組」へと転落することへの不安に常に苛まれています。彼らは、その収入に応じて応分の税負担をしてはいるものの、府や市の行政サービスの恩恵を受けることはほとんどないと感じています。職場には企業内労組はあり、自身組合員ではありますが、高い組合費に見合うだけの恩恵は受けたことがないとも思っています。

こうした彼らからすれば、教職員を含む府市の公務員は、自分たちの負担する税金によって養われ、かなりの高給を得ている一方で、競争のない職場でダラダラと仕事をし、挙げ句の果てには、就業時間中においてまで労働組合の活動に勤しみ、労組を通して身勝手な要求を掲げて、さまざまな特権を恣にしています。彼らにとって公務員労組など「特権集団」にほかならず、自分たちの負担した税金を食い荒らすシロアリのような存在にほかならないのです。

彼らが公務員労組への攻撃に喝采を送る理由は、こんなところでしょうか。彼らにとって、「民間ではあり得ない」ような怠惰と浪費、そして特権のシンボルこそが、公務員労組だったわけです。こうした憎悪にも似たネガティヴな感情に対して、労働者の正当な権利という議論をいくら持ち出しても無駄でしょう。そのような権利主張こそが、彼らにとっては忌まわしい特権にしか映らないからです。それだけ彼らは、基本的人権も労働基本権も剥奪されてしまっているからです。憎悪にも似たネガティヴな感情の裏側には羨望と嫉妬が横たわっているのです。

それにしても公務員労組は、自分たちがいつの間にか、このようにして「既得権益」の上に胡座をかく「特権集団」だと見なされるようになってしまっていたことについて、果たしてどれだけ自覚的だったのでしょうか。

こうした「特権集団」して不寛容な攻撃と排斥の対象となり、市民との間に分断の楔が打ち込まれた時、公務員労組は、何をもって「寛容とリスペクトに基づく市民との共同」の構築に寄与し、「不寛容なポピュリズム」に対峙する展望を語り得るのでしょうか。実は、こうしたことこそが公務員労組に問われていたのではないかと、筆者には思われるのです。

第6章　大阪府市クロス選挙の分析

はじめに

２０１９年4月7日に行われた大阪府市クロス選と大阪府議選、大阪市議選は、大阪維新の会の「完勝」とも言えそうな結果に終わりました。

大阪府知事選では吉村洋文前大阪市長が約２２７万票の大量得票によって小西禎一元大阪副知事を約１００万票の大差で破り、また大阪市長選では松井一郎前大阪府知事が約66万票を獲得し、約48万票を集めた柳本顕元大阪市議の挑戦をしりぞけました。他方で維新は、大阪府議選では改選前の40議席から51議席へと大きく議席を増やし、単独過半数を確保するとともに、大阪市議選でも改選前の35議席を40議席に伸ばしました。大阪市議会では単独過半数には及ばなかったものの、いわゆる「都構想」の協定書策定のための法定協議会において過半数の委員を確保することには成功したのです。この結果、行き詰まりへと追い込まれていた都構想をめぐる状況を一気に打開し、協定書策定と住民投票実施へと突き進むという維新のもくろみは見事に果たされたようにも見えます。

これに対して反維新の側には、府議会で自民が改選前の24議席を15議席へと大幅に減らし、市議会では共産が改選前の9議席を4議席へと半数以下に減らすなど、「完敗」とも言い得るような結果がもたらされました。

この選挙結果をどのように見たらよいのでしょうか。維新はなぜ強かったのでしょうか。反維新の何が弱かったのでしょうか。あるいは、維新は2015年の住民投票の時に比べて強くなったのでしょうか。反維新はその共同の力を失ったのでしょうか。今回の維新の「完勝」に、反維新の側には大きな動揺が広がっていることは否めません。都構想は息を吹き返し、早ければ年内にも再度の住民投票が行われる可能性も否定できません。しかし冷静に分析してみれば、維新をめぐる基本的な力関係は、住民投票の時と比べてそれほど劇的には変わっていないのです。

本章では、今回のクロス選の投票結果の簡単な分析を通して、維新「完勝」の見かけにもかかわらず、維新をめぐる基本的な力関係に劇的な変動は見られないこと、それゆえ、反維新勢力は都構想阻止の展望を見失うことなく、つぎの局面に備えるべきであるということを明らかにしたいと思います。

府市クロス選という奇策

そもそも今回のクロス選は、維新の存在意義がかかった都構想の行き詰まりが原因でした。

２０１５年5月の住民投票で特別区設置の協定書が否決された後、前回の府市ダブル選で勝利した大阪維新の会は「勝つまでじゃんけん」よろしく都構想への再挑戦をもくろみました。しかし府市両議会のそれぞれで単独過半数を占めることができなかったため、府市両議会でも特別区設置の協定書策定のための法定協においても、公明の協力を得ることなしには都構想実現を展望できない状況に追い込まれました。維新と公明は17年4月に、①法定協の設置とそこにおける慎重かつ丁寧な議論と、②「今任期中で住民投票を実施すること」を約した「合意書」を秘密裏に交わし、維新はこの「密約」にしたがって今春までの住民投票実施をめざしてきました。しかし公明はこの「密約」の「慎重かつ丁寧な議論」にこだわり、「今任期中」も秋の知事と市長の任期切れまでとして、早期の住民投票に反対します。業を煮やした維新は、この「密約」を暴露。公明党を激しく非難して両党の関係は決裂に至ります。法定協は機能を停止し、協定書策定は不可能となり、追い詰められた維新が事態の打開を期して打って出た奇策が今回のクロス選だったわけです。

そもそも市民不在の「密約」に頼らざるを得なかった時点で、都構想は行き詰まっていたわけですが、「密約」の暴露と公明党との決裂によって、行き詰まりはさらに決定的となりました。「産経新聞」（2019年4月8日付）によれば、昨年末、松井一郎氏は菅義偉官房長官のもとを訪れ、今年秋までに住民投票が実施できなければ11月の任期満了を以って政界を去る意向を伝えたといいます。そこまで追い詰められていた維新にとって、クロス選はまさに起死回生の奇策だったわけです。

維新の目論見は成功したか

維新のもくろみは、①あえて奇策に打って出ることでメディアの注目を引き、その力で選挙を盛り上げて維新支持を広げる。②クロス選の盛り上げをテコに府議選、市議選の状況を打開し、府議会での単独過半数、市議会での議席増をはかる。③府議会、市議会の議席増により、法定協での単独過半数を実現する。④府議会、市議会、法定協での力関係を有利に変えることで、キャスティングボートを握る公明党の妥協を引き出すといったところでしょう。

選挙結果は一見したところ、維新のもくろみが完全に当たったかのように見えます。確かに②③④は実現しました。知事選での吉村氏は227万という大量得票を獲得し、それに引きずられるように府議会での単独過半数が達成されたのです。法定協の単独過半数も制しました。市議会での公明の協力も予断を許しません。しかし今回のクロス選は、維新の支持をこれまでそうではなかった層にまで大きく広げ、大阪府及び大阪市の有権者の間にある維新と反維新との力関係を劇的に変えることに成功したのでしょうか。答えは断じて否です。

このことは府知事選の投票率が前回45・47％から今回49・49％へ、市長選では前回50・51％から52・70％へと僅かに上昇しているに過ぎないことに示されています。２０１５年の住民投票の投票率が66・83％に昇ったのとは対照的です。また維新と反維新の得票率も府知事選で、前回64・１％対33・３％に対して今回64・４％対35・６％、市長選では前回56・４％対38・５％に対して今回58・１％対41・９％とほとんど変動していないのです。つまり大阪の有権者の維新をめぐる投票行動は相当に固定化しているのであり、今回の選挙結果はそのことを改めて示したに過ぎないのです。

分断の組織化と固定化

橋下徹氏の府知事就任から11年、大阪維新の会結党から９年の月日が流れましたが、この間、維新が成し遂げたのは、①貧困と格差の拡大に直面する大阪の街を背景に住民の間に生じていた分断を顕在化させ、②その一方を大阪維新の会という政党の下に組織化することで、この分断を固定化したということにほかなりませんでした。この点は、筆者がこれまで本書の各章で論じてきたところです。

税や健康保険、年金などの公的負担の重さに不満を募らせ、もっぱら自分たちが負担した税や保険料に基づく公的サービスを欲しいままに享受する社会的弱者への反感や嫌悪。商都・大阪に集住する中堅サラリーマン層や自営上層のこうした「勝ち組」的気分感情を、橋下氏らのポピュリスト的煽りによって顕在化し、繰り返される国政選挙や地方選挙、住民投票を通じて組織化し、こうした分断を固定化してきたのです。

維新支持層が、もはや「ふわっとした民意」などではないことは、２０１６年の参院選大阪選挙区で維新の約１４０万票を浅田候補に約73万票、高木候補に約67万票と見事に票割りしてみせたことに現れています。また、大阪府下の衆院小選挙区での維新の得票がいずれの選挙区においても、14年総選挙と17年総選挙との間でほとんど変動していないことも、その根拠としてあげることができるでしょう。

自民支持層の崩壊

今回のクロス選での維新の大量得票も、①維新が堅実にその組織票を動員し得たということ、②反維新の側では、出口調査の結果に表れたように、自民支持層の約５割、公明支持層の約２割、立憲野党支持層の約３割が崩れて維新へと流れたということで大体説明がつくのです。前回参院選での維新の得票が約１４０万、自民の得票が約76万、公明の得票が約68万、共産・民進の得票が併せて約80万ですから、自民支持層の半分の40万弱と公明の２割の15万弱、立憲野党の３

割の約20万強が流れたとすれば、維新の得票は220万近くになります。だから227万という数字はそれほど驚くようなものではないのです。

今回のクロス選でも維新は万全の組織戦を戦い抜き、その組織票の固さを改めて示したのです。一方、大阪の反維新の側では、特に自民が組織的にはボロボロになっていて、国政選挙では辛うじて固められる支持層も地方での維新との一騎討ちでは崩壊状態に陥ってしまうことが露呈したのです。

自公支持層が維新に流れた要因には、維新が意識的に流した自共野合批判、つまり抜きがたい反共意識による分断戦術が一定の効果を挙げたことも指摘できるでしょう。自公支持層には、反維新の大義よりも反共意識が勝るという傾向がかなりの程度残っていると思われるからです。他方、国政において自公政権と激しく対峙する立憲野党の支持層が一定の割合で崩れるのも、中央と大阪での政治的布置の捩れがもたらした結果だと言えます。

経済保守・政治保守・社会保守

しかし、自民支持層の約半数が大きく崩れて維新に流れるという現象は、いまに始まったことではありません。それは住民投票や府市ダブル選でも共通に指摘されてきたことで、そこにはより構造的な問題が横たわっているのです。

筆者はこれまで宮台真司氏の議論を借りつつ、保守を①新自由主義的「改革」を信奉する経済保守、②改憲と戦前回帰を求める靖国派的な政治保守、③地域社会に根差した社会保守に区別してとらえてきました。これにしたがえば、自民はそもそも経済保守、政治保守、社会保守の連合体ということになります。ただ大阪の場合は、経済保守の最も先鋭な部分と政治保守の一部が維新として自民から割って出てしまいました。その結果、残された大阪自民は、柳本顕氏らを典型とする社会保守を中心に、中山泰秀氏のような政治保守と維新よりは穏健な経済保守の寄り合い所帯となり、その支持層も同様の構成となったのです。

しかし国政では、経済保守と政治保守の権化である安倍政権を支持しているのですから、自民支持層の半数以上が柳本氏のような社会保守でなく、むしろ維新の経済保守、政治保守に親近感を持ったとしても、何ら不思議はないのです。

大阪は痩せても枯れても日本第2の経済都市なのです。都心の高層タワーマンションや郊外の一戸建に住む中堅サラリーマン層や自営上層を中心とする経済保守が維新支持で固まれば、政治保守と併せて227万という数字をたたき出すことも決して不思議なことではありません。

大量棄権層は動いたか

今回のクロス選の結果が、維新政治による住民の分断とその固定化の域を出るものではないのだとすれば、反維新の側がこの固定化を打ち破り、維新政治を終わらせる展望はどこにあるのでしょう。分断の基本線が変わることなく、それが固定化されてしまっていることを前提とすれば、住民投票で反維新の側が勝利した基本的な力関係もまた、今なお変動していないということです

住民投票と府市ダブル選、そしてクロス選の間にある決定的な違いは投票率です。2015年5月の住民投票の投票率は66・83%。つまり、大阪市内の有権者の約2割、40万に昇る人びとが、この時ばかりは投票所へと足を運び、そのうちの約30万の人々が「都構想」への反対票を投じたのです。これこそが反維新側の勝利の最大の要因だったのです。

この人びとを筆者は大量棄権層と名付けてきました。2016年参院選の野党統一候補の躍進も、この大量棄権層が自公政権への反対票を投じたことで力関係が変化したのです。問題は、反維新の側が約30万の大量棄権層をほんの僅かしかクロス選の投票所に向かわせることができなかったという事実なのです。

住民投票（投票率約67%）での69万対70万、前回ダブル選（同約51%）での60万対40万、今回クロス選（同約53%）での66万対48万という数字こそがすべてを物語っています。反維新の側は前回ダブル選の時よりはよく闘った。しかし、住民投票のようには闘えなかったのです。次はどう闘うか。それが問題なのです。反維新の側には打ちひしがれて意気消沈しているヒマも、「アホな有権者」をディスっているヒマもありません。30万の大量棄権層の足を投票所に向けさせるため、いまこそ地を這うような政治的対話が求められているのです。

第7章　「『都構想』よりコロナ対策やろ！」の声を
――大阪維新〝吉村人気〟の虚像と実像

新型コロナウィルス感染症のパンデミックは、世界と各国社会の歪みを根底から暴き出し、多くの人びとにさまざまな気づきと目覚めをもたらしつつあります。この気づきと目覚めは、世界や各国社会のあり方に確実な変化を引き起こしていくでしょう。

さて、こうした気づきと目覚めは以下の4点に整理できます。それは、①改めて明らかとなった人の命の大切さと人間の尊厳、②感染拡大が露にした貧困と格差、そして医療体制と公衆衛生の脆弱さをもたらした新自由主義の問題性、③人類共同の闘いに分断を持ち込み、医療充実や貧困解消に向けるべき資源を軍事費に浪費する自国第一主義や大国主義の愚かさ、④科学的なエビデンスに基づく説明責任を果たさない政府に対する信頼の喪失です。

日本もまた例外ではありません。小泉構造改革以来20年にわたる新自由主義的緊縮政策がもたらした公衆衛生や医療体制の絶望的な脆弱化には、もはや誰もが気づかざるを得ません。「モリカケ問題」や「桜を見る会」における隠蔽・捏造・改竄で不信にまみれた安倍政権が、これでもかとくり出してきた全国一斉休校、アベノマスク配布、持続化給付金事業の丸投げ、ＧｏＴｏトラベルキャンペーン強行などの愚策のオンパレード。日本国民はいま、説明責任を一切果たすことなく、一片の信頼も置くことのできない政府を戴く不幸を痛切に思い知らされています。

こうした安倍政権のあまりの体たらくを引き立て役に、吉村大阪府知事がにわかに脚光を浴び、ある種の「オルタナティブ」として人気を博しています。ただこれも、ひとえに安倍政権の末期的状況を示すものでしかありません。市民と野党の共闘と野党連合政権という真のオルタナティブから国民の目を逸らし、現状の根底的転換を伴わない無難な選択肢として吉村氏や維新勢力を持ち上げる見え透いた目論見にほかならないのです。毎日のように吉村氏やその黒幕ともいうべき橋下徹氏を出演させ、この目論見を主導するメディアの責任は極めて重いと言わなければなりません。

吉村氏と維新勢力が、コロナ禍が問うている世界と日本社会の変化の方向性において、決して安倍政権のオルタナティブではあり得ないことは、本章の冒頭に整理した4点を見れば明らかです。

大阪において10年以上続いてきた維新政治の本質は新自由主義そのものであり、これが大阪における貧困と格差の拡大、公衆衛生や医療体制の絶望的脆弱化の原因であることは誰にも否定できません。維新政治の下で公務員の病院職員は半減、衛生行政職員も4分の3に削減されました。さらに府立公衆衛生研究所と市立環境科学研究所の統合によりその人員は3分の2に削減されています。これについては橋下徹氏自身、「大阪府知事時代、大阪市長時代に徹底的な改革を断行し、有事の今、現場を疲弊させているところがあると思います。保健所、府立病院など」と自己批判さえしています（2020年4月3日、橋下徹氏のTwitterより）。

それでもなお、「吉村知事や松井市長は良くやっている」という声もあり得るでしょう。たしかに記者会見からも国会出席からも逃げつづける安倍首相に比べれば、何かをやっているようには見えます。ただやっているように見えるのは、3月三連休の「花見解禁発言」と唐突な「阪神間往来自粛要請」、防護服の代用としての「雨合羽募集」の呼びかけ、直近ではポビドンヨード入りうがい薬をめぐる「イソジン騒動」など、アベノマスクやＧｏＴｏトラベルに決して引けを取らない愚策のオンパレードでした。

こうした愚策の極めつけは、このコロナ禍の最中に、5年前の住民投票で一度否決された「大阪都構想」について、11月初めに二度目の住民投票を実施しようとしていることでしょう。かの「イソジン騒動」も7月以降の感染再拡大に歯止めが掛からず、焦った吉村氏の打った「起死回生」の一手だったのではとも言われています。

7月以降の感染再拡大と重症者の増大は、「コロナ禍のもとでの住民投票」という愚行の危うさをますます際立たせようとしています。「吉村府知事や維新勢力に大阪府民・市民の大切な命を任せてよいのか」という率直な疑問が浮上せざるを得ない状況となっています。「『都構想』よりコロナ対策やろ！」との怨嗟の声が、市民の中からふつふつと湧き上がろうとしているのです。

そもそも「都構想」とは、政令市としての大阪市を廃止し、60～75万の人口を擁しながら自治体としての権限は村以下という特別区に分割しようとするものにほかなりません。橋下徹氏が府知事時代にその本音を暴露したように、それは財政危機に直面する大阪府によって「大阪市が持っている権限、力、お金をむしり取る」（読売新聞２０１１年6月30日付朝刊）というものにほかならないのです。

新たに住民投票に付されようとしている大阪市の廃止と特別区設置の「協定書」においても、大阪市の財源の65％は府に「むしり取」られ、特別区は府から分配される交付金に依存する「半人前」の自治体に成り下がることとなります。

10年以上にわたる維新府政と維新市政は、その本質とも言える新自由主義によって、大阪の医療、福祉、教育への財政支出を大幅に削減し、その体制を絶望的なまでに脆弱化させてきました。その中でも、「二重行政の解消」の名の下、「都構想」を先取りするかのように住吉市民病院を廃止するとともに、コロナ禍のもとPCR検査等を担うべき府立公衛研と市立環科研を統合し、研究員や職員を3分の2にまで削減したことは記憶に新しいところです。小泉構造改革の時代以降、行政区ごとにあった保健所は統合され、２７５万人の大都市にわずか1か所しか存在しなくなりました。その上、維新政治によりその職員はさらに削減されています。このコロナ禍によって、公衆衛生行政を担う保健所も、医療現場も、検査体制も、維新政治の新自由主義的「改革」の結果として、あっという間に逼迫へと追い込まれたのは言うまでもありません。すでに見た橋下氏の自己批判とそれに続く「有事の際の切り替えプランを用意していなかったことは考えが足りませんでした」(同前)との物言いは、維新政治の無責任さをこれ以上ない明確さで私たちに示しています。市民の命を守るべき大阪市の住民サービスは、こうした無責任の極みのような維新政治によって、すでに絶望的なところにまで切り縮められてしまっているのです。

そのうえでさらに、政令市としての大阪市の廃止と特別区の設置だというのです。現場に近いところで医療、福祉、教育などの住民サービスを担ってきた大阪市の持っている「権限、力、お金」が、住民から遠い広域自治体としての大阪府に〝むしり取られ〟た時、旧大阪市民＝特別区民への住民サービスはいったいどうなるのか。それは火を見るよりも明らかだと言わねばなりません。

新型コロナウィルス感染症の世界的拡大は、大阪市民にもまたさまざまな気づきと目覚めをもたらしているはずです。人の命の大切さ。人の命が最優先だろう。大阪府にしても大阪市にしても、地方自治体の仕事は、まず何よりも人の命を守ることのはずです。維新政治に私たちの命を預けることなどできるのか。大阪市の廃止で、市民の命を守るべき地方自治体の住民サービスはどうなるのか。「都構想」よりコロナ対策やろ！　住民投票より先にやるべきことがあるやろう！

こうした大阪市民の気づきや目覚めに応えつつ、これにしっかりとした形を与えていくことが必要です。コロナ禍の最中の住民投票。この愚かさを追及していく中で、維新政治の虚像と実像を明らかにしていくことが、いま私たちに求められています。

第8章 「都構想」をめぐるパワーゲーム
——市民不在の政治劇を斬る

はじめに

「大阪都構想」とは、政令市である大阪市を廃止して、60~75万の人口を擁しつつも権限は村以下という4つの「特別区」に分割しようとするものです。「特別区」はその財源を大阪府からの交付金に依存せざるを得ず、「半人前」の自治体として府に強く従属させられます。かつて橋下徹氏がその本音を暴露したように、その本質は大阪府により「大阪市が持っている権限、力、お金をむしり取る」ことです。この11月に住民投票に付される「特別区設置協定書」(以下「協定書」)によっても、大阪市の財源の65%は府にむしり取られることになります。

「都構想」のため制定された「大都市地域特別区設置法」によれば、大阪市を廃止して特別区に分割するには、府と市が「特別区設置協議会」（以下「法定協」）を設置して「協定書」を作成し、府議会と大阪市会の双方の承認を得たうえで、大阪市民による住民投票で過半数の賛成を得ねばなりません。２０２０年９月の段階で府議会と大阪市会の承認は得られ、残すは住民投票だけです。

ここである疑問が浮かび上がってきます。大阪市会は、大阪市から「権限、力、お金をむしり取る」だけの「協定書」になぜ承認を与えたのかと。どう見ても大阪市民の得になる話ではありません。議会制の本来の機能である熟議の結果、市民にとってこれ程割の合わない話に合意が与えられるとは考えにくいのです。

しかし、大阪市会の承認は維新と公明の賛成で得られました。極めて不可解なこの結果は「政治的」にもたらされたことは、誰が見ても明らかです。「都構想」の裏ではいかなる「政治」が展開していたのか。本章では、それが大阪市民の預かり知らぬ所で展開したパワーゲームだったことを確認したいと思います。歴史ある大阪市はこうしたパワーゲームの結果、いま廃止と解体の瀬戸際に置かれているのです。

維新・官邸・創価学会

「大阪都構想」をめぐるパワーゲームのアクターは、①橋下徹氏や松井一郎氏を中心とした大阪維新の会（以下「維新」）、②安倍晋三首相と菅義偉官房長官を中心とした首相官邸（以下「官邸」）、③谷川桂樹事務総長と正木正明理事長の対立を孕む創価学会本部（以下「学会本部」）の三者です。このパワーゲームが大阪市民の預かり知らぬ所で展開したとする所以です。それらは三者三様の事情を抱えており、この事情を巡って虚虚実実のパワーゲームが展開したということです。

①「維新」の事情

「都構想」実現には、府議会と大阪市会の双方で「協定書」への承認を得ねばならないわけですが、その内容は熟議による合意の広がりを期し得る代物ではありません。「維新」としては府議会、大阪市会で単独過半数を獲得するか、パワーゲームにより反維新勢力を切り崩すしかなかったのです。

府議会では２０１１年、橋下府知事の下、議員定数の大幅削減（１０９→88）が強行され、53選挙区のうち定数１の小選挙区が31となり、「維新」が単独過半数を占める可能性が大きく高まりました。

しかし「維新」が大阪市会で単独過半数を取るのは簡単ではありません。２０１６年、大阪市会の議員定数も削減されました（86→83）が、選挙区はすべて定数２～６の中選挙区です。さすがの「維新」でもこの選挙区制の下で単独過半数を占めるの簡単ではありません。「維新」は、２０１９年の市会選で35から40へと議席数を伸ばしましたが、それでも過半数には届かなかったのです。

この市会過半数の壁は、「都構想」を幾度も行き詰まりへと追い込んできました。「維新」に残された道はパワーゲームによる自民や公明の切り崩しのみだったわけです。

②「官邸」の事情

安倍首相の悲願、9条改憲を実現するうえで避けて通れないこと。それは改憲発議に必要な3分の2の議席を衆参それぞれで確保することです。これも至難の業です。安倍首相は、2012年末の政権復帰以来、通算及び連続の在職日数で史上最長を記録しました。だが、これだけの長期政権でありながら、改憲発議の入り口にも辿り着けぬまま、持病悪化による退陣に至ったのです。

こうした「官邸」にとり公明党との連立維持は絶対不可欠でした。自民単独では、参院はもちろん衆院ですら3分の2の議席は確保できません。それどころか定数1の衆院の小選挙区や参院の多くの選挙区では、公明の協力なしでは議席の確保さえ覚束ないのです。自民の衆院比例区の得票数は、2005年の2589万をピークに、12年の1662万、直近の17年の1856万と減少傾向が続いています。比例区では2000万票に手の届かない政党に成り果てたのです。公明の比例票(05年898万→17年698万)を合わせなければ、自民党は小選挙区では勝ちようがないです。公明の選挙区での議席(8～9)もまた自民との協力なしには確保できません。自民・公明は一蓮托生なのです。

しかし、公明の協力だけでは改憲発議は無理なのです。衆参それぞれ3分の2というハードルは極めて高いからです。しかも「平和の党」を掲げる公明にとり、９条改憲はできれば避けて通りたい。そこで「維新」と「官邸」との関係が浮上してくることになります。

自公に「維新」の議席を加えることなしには改憲への道を拓くことはできません。腰の重い公明を前に、改憲に前のめりな「維新」との関係を深めれば、公明を牽制し、改憲へと踏み込ませる重要なカードともなるわけです。公明との連立解消は取り得る選択肢ではありません。だが「維新」と公明を天秤に掛け、「維新」への乗り換えを仄めかすだけで十分なのです。「維新」は、こうした駆け引きの道具の役割を敢えて引き受け、引き換えに「都構想」への協力を引き出そうとしてきたのです。

③「学会本部」の事情

「学会本部」には権力闘争の嵐が吹き荒れていました。谷川桂樹事務総長と正木正明理事長の次期会長を巡る鞘当が核にあります。背景には、安倍政権との連立維持を追及する谷川氏と、平和主義の立場から連立解消を求める正木氏との対立が横たわっていました。

２０１５年、SEALDs等の呼びかけで安全保障関連法案に反対する国会行動が連日連夜くり広げられましたが、そこには創価学会の三色旗がはためいていました。自公連立維持の路線に反旗を翻す学会員たちの存在を物語るものでした。

「学会本部」における権力闘争と路線対立は、この間の公明の得票数の激減とも繋がっています。

組織の高齢化による活動の弱体化も否めませんが、学会の内部対立がそれに拍車をかけていました。2005年衆院選では898万あった公明の比例票は、17年には698万票へと激減。直近の19年参院選では654万票にまで減少したのです。

「学会本部」の権力闘争は、2015年11月に谷川氏が主任副会長に昇格すると同時に正木氏が理事長を解任される形で決着を見ました。しかし、学会組織内の対立が解消されたわけではありません。学会に支えられた公明の得票は下降の一途です。自民との一蓮托生の関係はいっそう解消できなくなりました。「官邸」の仕掛ける「維新」との両天秤の揺さぶりはいよいよ功を奏し易くなります。さらに「維新」が仕掛ける、公明現職選挙区への「刺客」擁立の恫喝がいっそうの恐怖を呼び起こすこととなるのです。

キーマンとしての菅官房長官

それぞれの事情を抱える「維新」「官邸」「学会本部」の三者を繋ぐキーマンは、「官邸」の大番頭、菅官房長官でした。菅氏と「維新」の松井氏との個人的関係は松井氏の父の代にまで遡ります。橋下氏を政界に引きずり出したのも菅氏だとされ、「維新」はかつて安倍氏を党首に迎えようと目論んだこともあります。2013年以来、菅氏と松井氏が安倍氏、橋下氏を加えた4人で、毎年の如く年末に長時間の会食を重ねてきたのは周知の事実です。

「維新」と「官邸」の間では、橋下氏らが折に触れ安倍改憲支持を表明し、改憲勢力の一翼を担うことを宣言して、腰の重い公明党を牽制するのと引き換えに、「官邸」として「都構想」支持を表明し、「都構想」に反対する自民党大阪府連や公明党大阪府本部を掣肘するという取り引きが行われてきました。

自民大阪市議団が共産との共闘も辞さぬ構えで反維新を貫く中、国会議員や府議団への牽制、人事への介入、府議団と市議団の分断等、自民内部では「官邸」と府連の間にさまざまな軋轢が生じてきました。他方、公明党府本部に対しても折に触れ「学会本部」を通して、「官邸」の意を呈した圧力が加え続けられました。「都構想」の命運は、常に公明党府本部の帰趨に掛かってきました。「官邸」と「学会本部」による公明党府本部への圧力は「維新」にとって、極めて重要な意味を持ってきたのです。

「官邸」と「学会本部」を繋いでいたのも菅氏であり、そのパートナーは谷川事務総長とその盟友の佐藤浩副会長でした。「常勝関西」を築いた西口良三氏は２００９年に総関西長を退いた後も15年３月に死去するまで終始、反維新・反都構想の立場を貫いたとされます。「学会本部」では、西口氏の影響力を継承する正木理事長と「常勝関西」の呪縛からの解放を目指す谷川事務総長が激しく争い、15年11月、正木氏の失脚により決着しました。以後「官邸」と「学会本部」は、西口、正木両氏という支えを失いつつも反維新・反都構想の立場を崩さない公明党府本部に対し、露骨な圧力を加え続けることとなります。

２０１５年住民投票を巡るパワーゲーム

「維新」「官邸」「学会本部」によるパワーゲームは、「都構想」が行き詰まりに瀕する度に発動され、「都構想」を巡る政治過程を不可解なものにしました。

最初の行き詰まりは２０１４年1月に訪れました。自・公・共の抵抗で「法定協」での区割作業に行き詰まった橋下氏は、市長辞任を表明し、出直し市長選（3月23日投開票）に打って出ました。

出直し市長選は、自・公・共の結束したボイコットで不発に終わり、「維新」は「法定協」からの反対議員の排除という暴挙により、「協定書」作成の強行を余儀なくされました。２０１４年10月、「協定書」が府市両議会で否決されたのは当然であり、「都構想」の命運は尽きたかに見えました。

折しも解散総選挙がせまっていました。11月12日、橋下市長は「公明にやられたまま人生は終われない」と豪語し、公明が佐藤、北側両議員を現職として擁する大阪3区と16区に、橋下氏自らと松井府知事を「刺客」として擁立する構えを見せました。この恫喝に公明党府本部は震え上がります。

しかし衆院が解散されると、橋下氏は一転して不出馬を表明。「官邸」が「学会本部」に働きかけ、「都構想」への協力と引き換えに、橋下氏らの出馬を断念させたのではとの観測が飛び交いました。

12月14日の総選挙の結果、「維新」は府内114万票、大阪市内33万の比例票を獲得し、その力を見せつけました。直後の25日夜、公明党府本部の小笹幹事長は橋下氏らと会談。「都構想」に対する住民投票の実施に協力する意向を伝えました。奇々怪々、不可解で急転直下の方針転換でした。小笹氏は、「都構想」について住民が最終判断するのを了解するよう党中央から求められたと説明しましたが、事実は違いました。小笹氏らは、12月24日に東京信濃町の「学会本部」に呼び出され、党中央を介さず直接に「維新」への協力を迫られ、屈服したのです。

誰のどのような意志が働いていたのかは想像に難くありません。年明け早々の14日、安倍首相は関西のテレビ番組に出演し、「都構想」について「二重行政をなくし住民自治を拡大していく意義はある」と述べ、「維新が憲法改正に積極的に取り組んでいることに敬意を表したい」と語りました。橋下氏は翌15日、「大変ありがたい。うれしくてしょうがない」と手放しで喜び、「憲法改正は絶対に必要だ。安倍首相にしかできない。できることは何でもしたい」と全面協力を誓いました。見え透いた茶番でした。

こうしてひとたび否決された「協定書」はゾンビの如く復活し、2015年5月17日に住民投票に付されました。69万4844対70万5585の反対多数で否決されるに至ったのは周知のことです。

２０１９年府市クロス選を巡るパワーゲーム

「都構想」は公明党府本部の反対で、三度行き詰まりに瀕しました。２０１５年5月の住民投票で一敗地に塗れた「維新」でしたが、同年11月、橋下氏の政界引退とともに迎えた府知事・市長ダブル選で大勝すると、「勝つまでじゃんけん」よろしく「都構想」に再挑戦すると宣言しました。「学会本部」における正木理事長の失脚（同年11月）で支柱を失った公明党府本部は、大阪市存続を前提とする「総合区設置」を対案として対置しつつ、２０１７年4月には「維新」との間に、①「法定協」の設置とそこにおける慎重かつ丁寧な議論、②「今任期中で住民投票を実施すること」を約する「密約」を交わしました。この「密約」の交換条件が、大阪３区、同16区はじめ公明が現職を擁する選挙区に「維新」が候補者を擁立しないことだったのは言うまでもありません。「維新」は「密約」の「今任期中」を府議・市議のそれと解釈し、２０１９年春までの住民投票実施を目指しました。公明は府知事・市長のそれだとして早期の住民投票に反対します。業を煮やした「維新」は、18年12月26日にこの「密約」を暴露。公明党府本部を激しく非難して、両党の関係は決裂しました。

2日後の28日の夜、松井氏は「官邸」の菅氏を訪れ、再び出直しダブル選に打って出て事態打開をはかり、秋までに住民投票を実施できなければ、そのまま政界を引退する決意だと伝えたとのことです。菅氏が松井氏を強く諌め、思い留まらせたのは言うまでもありません。「官邸」としては、貴重な改憲勢力を失うわけにはいかなかったからです。２０１８年の末、たしかに「都構想」の命運は尽きたかに見えました。

だが、年明けの12日、関西のテレビ番組で橋下氏の口から「入れ替わりもあり得る」との奇策が表明されると事態は急変、４月の統一地方選における前代未聞の府市クロス選に向け事態は急転していきました。府市クロス選により吉村府知事と松井市長は圧倒的勝利を収めましたが、「維新」は大阪市会での単独過半数の獲得はできませんでした。「維新」はまたしても公明党府本部の協力を必要とすることとなったのです。

公明もまた、「常勝関西」の虎の子選挙区を「維新」の刺客によって失うわけにはいきませんでした。公明党府本部は、ついに「維新」への全面的屈服を表明しました。「維新」「官邸」「学会本部」のパワーゲームは、こうして市民不在のまま幕を閉じたのです。

おわりに

「都構想」に反対を貫いてきた自民の現職および前職の大阪市議と堺市議が府連から離脱して、無所属候補として「常勝関西」の虎の子選挙区の大阪３区、５区、16区に「刺客」として出馬する意向を固めつつあるとのことです。コロナ禍の中、安倍首相が持病悪化を理由に辞意を表明し、菅氏が後継首相の座を射止めました。市民不在のパワーゲームを展開してきた「維新」「官邸」「学会本部」の関係に、この反維新の側の「刺客」戦術はいかなる綻びをもたらすことになるのでしょうか。

コロナ禍のもとでの二度目の住民投票が迫る中、市民不在のパワーゲームの結果としてもたらされた「協定書」が、再び市民の力で葬り去られんことを期して本稿を閉じたいと思います。

第9章　「大阪市廃止構想」へ二度目の審判

――「維新」の組織票を凌いだ市民の路地裏対話

はじめに

２０２０年11月1日に投開票の行われた「大阪市を廃止して特別区を設置することについての投票」は、総投票数１３７万５３１３票（投票率62・35％）のうち、賛成67万５８２９票（得票率49・37％）、反対69万２９９６票（得票率50・63％）で、反対票が1万７１６７票上回り、いわゆる「大阪都構想」は市民の判断によって再び否決されました。

前回２０１５年５月の「大阪市における特別区の設置についての投票」は、投票総数

140万6084票（投票率66・83％）のうち、賛成69万4844票（得票率49・62％）、反対70万5585票（得票率50・38％）で、反対票が1万0741票上回るという結果でした。2つの結果を比較してみると、投票率は前回66・83％から今回62・35％と減少していますが、今回は18歳以上に選挙権が認められ有権者がその分増加しているため、投票率の減少にも関わらず、投票総数は3万票ほどしか減っていません。5年前と今回ではさまざまな条件の違いがありましたが、2つの投票結果はまるで判で押したようなものとなりました。

こうした大阪市民の審判は、いかにしてもたらされたのか。本章では、なぜ2つの投票結果が似通ったものとなったのかという点も含め、先の問いに答えるために筆者の注目するいくつかの論点を提示したいと思います。

新型コロナウィルス感染症と世界の変化

2つの投票をめぐる条件の違いとしてもっとも重大なのは、今回の住民投票がコロナ禍の中で強行されたということです。

新型コロナウィルス感染症のパンデミックは、世界と各国社会の歪みを根底から暴き出し、多くの人びとにさまざまな気づきと目覚めをもたらしつつあります。この気づきと目覚めは、世界や各国社会のあり方に確実な変化を引き起こそうとしています。2020年10月24日に50か国目の批准書が国連に寄託され、2021年1月22日に核兵器禁止条約がついに発効することとなったのも、2020年11月3日の米国大統領選挙の結果、アメリカ社会の分断を絶望的なまでに深刻化させた米トランプ政権が、ついにホワイトハウスからの退去を余儀なくされたことも、こうした変化の現われです。大阪における「維新」の敗退もまたささやかではありますが、こうした変化の一環をなすものに違いありません。

こうした気づきと目覚めは第7章でも述べたように、①改めて明らかとなった人の命の大切さと人間の尊厳・個人の尊厳、②感染拡大が露にした貧困と格差、そして医療体制と公衆衛生の脆弱性をもたらした新自由主義の問題性、③人類共同の闘いに分断を持ち込み、医療充実や貧困解消に向けるべき資源を軍事費に浪費する自国第一主義や大国主義の愚かさ、④科学的なエビデンスに基づく説明責任を果たし得ない政府に対する信頼の喪失、の4点に整理できるでしょう。

「維新」政治の虚像と実像

吉村氏や「維新」が、コロナ禍の問う世界と日本の変化の方向性において、安倍政権のオルタナティブなどではあり得ないことは、先の4点を見れば明らかです。大阪で10年以上続いてきた「維新」政治の本質は新自由主義そのものです。これが大阪における貧困と格差の拡大、公衆衛生や医療体制の絶望的脆弱化の原因であることは誰も否定できません。この12年間に府下の公務員の病院職員数は50・4％も削減され（全国平均は6・2％）、衛生行政職員も4分の3にまで減らされました。府立公衆衛生研究所と市立環境科学研究所は統合され、その人員は3分の2に削減されています。

こうした愚策の極めつけが、コロナ禍のさなかに「大阪都構想」についての二度目の住民投票を強行したことにほかなりません。多くの市民が「住民投票よりもコロナ対策を！」と警告を発しました。

この警告を無視して住民投票は強行され、11月半ば以降、大阪の爆発的な感染拡大と重症者増大へと繋がり、吉村知事はついに「医療非常事態」を宣言せざるを得ないところに追い込まれたのです。

「『維新』に府民・市民の大切な命を任せてよいのか」という率直な疑問が浮上せざるを得ない状況が確実に生じていたのです。

「都構想」の本質と市民の気づき

そもそも「大阪都構想」とは、政令市としての大阪市を廃止し、60〜75万の人口を擁しながら自治体としての権限は村以下という特別区に分割しようとするものです。橋下氏が府知事時代にその本音を暴露したように、それは財政危機に直面する府によって「大阪市が持っている権限、力、お金をむしり取る」（読売新聞2011年6月30日付朝刊）というものにほかなりません。

二度目の住民投票に付された特別区設置の「協定書」においても、市の財源の65％は府に「むしり取」られ、特別区は府からの交付金に依存する「半人前」の自治体に成り下がることとなっていました。

10年以上にわたる「維新」の政治は、その本質とも言える新自由主義によって、大阪の医療、福祉、教育への財政支出を大幅に削減し、その体制を絶望的なまでに脆弱化させてきました。その中でも、「二重行政の解消」の名の下、「都構想」を先取りするかのように住吉市民病院を廃止するとともに、コロナ禍のもとPCR検査等を担うべき府立公衛研と市立環科研を統合し、研究員や職員を3分の2にまで削減したことは記憶に新しいところです。コロナ禍によって、保健所も、医療現場も、検査体制も、「維新」の新自由主義的「改革」の結果として、あっという間に逼迫したことは言うまでもありません。

すでに見た橋下氏の自己批判「大阪府知事時代、大阪市長時代に徹底的な改革を断行し、有事の今、現場を疲弊させているところがあると思います。保健所、府立病院など」（2020年4月3日、橋下徹氏のTwitter）とそれに続く、「有事の際の切り替えプランを用意していなかったことは考えが足りませんでした」（同前）との言い草は、「維新」の無責任さをこれ以上ない明確さで表現するものでしょう。市民の命を守るべき大阪市の住民サービスは、こうした無責任の極みのような「維新」政治により、もはや絶望的なところにまで切り縮められてきたのです。

その上さらに、政令市としての大阪市を廃止するというのです。現場に近いところで医療、福祉、教育などの住民サービスを担ってきた大阪市の「権限、力、お金」が、住民から遠い広域自治体である府に〝むしり取られ〟たとき、旧市民＝特別区民への住民サービスがどうなるかは火を見るよりも明らかです。コロナ禍は、大阪市民にもまたさまざまな気づきと目覚めをもたらしていました。人の命が最優先でしょう。府にしても市にしても地方自治体の役割は何よりも人命を守ることのはずでしょう。いまは「都構想」よりコロナ対策でしょう。

こうした市民の気づきや目覚めに応えつつ、これにしっかりとした形を与えていくことが求められていたのです。

2つの住民投票をめぐる条件の違い

さらに加えて、前回の住民投票と今回のそれとの条件の違いを2点あげることができます。

第1は住民投票の正式名称の違いです。前回住民投票の「大阪市における特別区の設置」との表現は、大阪市が存続するという誤解を招くものでした。この表現の不適切性は、藤井聡京大教授や村上弘立命館大教授などの学者グループが前回住民投票の時から厳しく指摘してきたことです。

今回は薬師院仁志帝塚山学院大教授らの市民グループが市の選挙管理委員会に請願し、その表現を「大阪市を廃止し、特別区を設置する」へと改めさせました。松井市長は、せめて「大阪市役所を廃止し」にして欲しいと選管に泣きついたといわれます。「大阪市を廃止する」という事実が市民に周知されることを「維新」はひどく怖れたのです。「維新」の危惧どおり、前回住民投票に比べ、市民の間での「大阪市廃止」の認知度は間違いなく上がりました。

このことから生じた「大阪市がなくなるってどういうこと？　何がどう変わるの？」という市民の不安と疑問は、反対派による路地裏対話の展開に多くの市民が応えるうえでの重要な糸口となりました。これが今回の住民投票の結果に少なからぬ影響を与えたのは確かです。そしてこれ自体、学者グループを含む市民の自覚的な取り組みの成果だったのです。

第2の違いは、前回は住民投票の実施には賛成、「都構想」には反対という不可解な立場をとった公明党が、今回は「都構想」そのものに明確に賛成する立場へと転じたことでした。この公明党の裏切りの背後にある「維新」「首相官邸＝菅官房長官（当時）」「創価学会本部」の大阪市民不在のパワーゲームについては、前章でくわしく論じました。しかし、公明党を支える創価学会の組織票による上乗せを期待した「維新」の思惑は大きく外れることとなりました。

公明党の不可解な裏切りに対して大阪の創価学会は組織としては自主投票との態度をとり、出口調査の結果によれば、学会員の多くは棄権して公明支持層の投票は全体の6％にとどまりました（通常であれば20％前後）。その上投票した学会員の約半数は反対にまわり、前回の住民投票で公明支持層の7割が反対していたことに鑑みれば、今回賛成に寝返った学会票は、2万弱にとどまったのです（藤井聡京大教授の試算による。「『新』経世済民新聞」、２０２０年11月4日、https://38news.jp/politics/16994 を参照）。

投票結果を見る限り、勝敗を分けた要因はこうした条件の変化以上に、①モンスター的集票マシンと化した「維新」への支持の固定化・組織化のもつ強さと限界、②反対派がくり広げた路地裏を主戦場とする徹底的な対話戦による反対票の掘り起こしという、2点にあったように思われます。固定化・組織化された「維新」支持層の数を上回るだけの反対票を掘り起こし、前回並みの投票総数を勝ち取った反対派の活動こそが、「大阪都構想」の再否決という歴史的勝利を呼び込んだのです。

「もぐる」ことに決め込んだ「維新」の思惑

5年前の住民投票では、「維新」は10億円ともいわれる広告費を注ぎ込み、大手広告代理店を使って、連日のテレビＣＭ、オーロラビジョン搭載の大型トラックを含む３００台の宣伝カー、日替わりの新聞折り込みなど、ド派手な宣伝戦を展開し、稀代のポピュリスト・橋下徹氏を前面に押し立てた〝一大空中戦〟を決行しました。それに引き換え、今回の「維新」の活動は比較的静かなものに止まったのです。

この点に関して、『週刊新潮』（２０２０年10月29日号）は、興味深い記事を掲載しました。記事は「盛り上がりに欠けるように見えるのは維新の〝戦略〟です。彼らは、前回は議論が白熱し、最終的な投票率が66％にも達したために反対票が増えて負けた、と分析している。そこで今回は目立つ街宣などは必要最低限に抑え、戸別訪問などで地道に支持を訴えている。維新ではその手法を『もぐる』と言っています」という府政関係者の発言を紹介しています。

「維新」は今回の住民投票では、戦略的に「もぐる」ことを選んだというのです。これは、固い組織票を武器に、徹底的な組織戦を闘い、低投票率の下で勝ち抜くという組織政党が好んで採ろうとする戦略です。「維新」は自らが「風」だのみのポピュリストなどではなく、固い組織票を誇る組織勢力だということを十分に自覚しているということです。

筆者はこの間、「維新」の正体が大阪における貧困と格差に由来する分断を顕在化させ、くり返される選挙を通じてこの分断を固定化・組織化したモンスター的集票マシンにほかならないことをくり返し主張してきました。その事実を「維新」自身がしっかりと自覚していること、彼らの選択した戦略がそれを雄弁に物語っていたわけです。

「維新」が今回獲得した67万5829票という数は――反対から賛成へと転じた創価学会員の2万票弱を差し引いたとしても――「風」で煽った前回の69万4844票には及ばぬものの、昨年4月の府市クロス選で、松井市長の獲得した66万0819票に匹敵します。今回の住民投票でも、その集票マシンとしてのモンスターぶりは遺憾なく発揮されたのです。

「維新」が集めることのできる得票は、全体の投票率や投票総数が変化しようと、ほぼ一定しています。したがって、投票率が低ければ低いほど「維新」は強いのです。現に投票率が53%に止まった2019年4月の府市クロス選では柳本顕氏を20万近い大差で破っているのです。今回の住民投票で「維新」が低投票率を期待して、「もぐる」ことを選択したのは、たしかに理にかなったものだったわけです。

反対票を掘り起こした市民の路地裏対話

しかしこうした「維新」の強さは、そのままその限界を示すものにほかなりませんでした。「維新」の思惑に反して、投票率が上がってしまったからです。

反対派の戦略は、「もぐる」という選択をした「維新」に対抗するうえで、もっとも有効なそれでした。それは、徹底的に路地裏に入り込み、路地裏宣伝と路地裏対話に総力をあげるというものでした。

「大阪都にはならないこと」「大阪市が廃止されること」「大きな権限と豊かな財源をもつ政令市が村以下の特別区になり果てること」「権限・財源をむしり取られた特別区では住民サービス低下は必至なこと」「むしり取られた財源はカジノにつぎ込まれること」、こうした事実をパンフレットやチラシの配布だけにとどまらず、個別の対話で市民に直接伝え、反対票を掘り起こす。

住民投票の正式名称に「大阪市の廃止」が明記されたことは路地裏での対話のきっかけとして大きな意味をもちました。選挙管理委員会による「豹」の絵柄の宣伝カーが「大阪市廃止」の住民投票への投票を呼びかけ市内を隈なく走り回りました。区役所にも「大阪市廃止」を明記した垂れ幕が掲出されました。「大阪市が廃止される」ということについての不安や疑問が路地裏での対話の糸口になりました。多くの市民が情報を求めて路地裏での対話に応じていきました。多くの市民団体が大量に配布した多種多様のチラシやパンフレットが対話の中身を充実させ、対話とともに市民の中に浸透していきました。路地裏対話の実態は、ＳＮＳ上で交流され、拡散されて、市民の行動を励まし、さらなる行動へと繋がりました。

反対派のこうした対話戦略が、結果的に投票率を引き上げ、反対票が「維新」の固定化された組織票を上回るという大逆転へと導いたのです。

路地裏を主戦場とした対話戦によって反対票が掘り起こされていく過程は、世論調査の結果にも如実に表われていました。ＡＢＣテレビとＪＸ通信社の合同情勢調査によれば、９月19・20日の調査で賛成49・１％、反対35・３％で14ポイント近くあった賛成の優位は、10月10・11日には、賛成45・４％、反対42・３％と３ポイント差に縮まり、10月30・31日の時点で、賛成45・０％、反対46・６％と逆転したのです。14ポイント差を逆転した反対の伸びこそが路地裏を主戦場とした対話戦による反対票の掘り起こしの結果だったのです。

「もぐる」ことに決め込んだ「維新」の驕りと、低投票率への不健全な期待は、路地裏で展開された無数の対話によって打ち砕かれました。それは私たちがくり返される「維新」との闘いの中で、ついに学び取った勝利の方程式にほかならなかったのです。

むすびにかえて

「維新」政治の一丁目一番地とも言える「都構想」をめぐる再度の敗北は、松井市長の「維新」代表辞任と政界引退表明とも相俟って、「維新」、とりわけ松井氏との太いパイプを誇りつつ、公明党と「維新」を天秤にかけながら操ってきた菅義偉首相の政治力に一定の影を落とすものであることは言うまでもありません。

しかしそれ以上に重要なのは、固定化した組織票に驕り、「もぐる」ことで低投票率を期待した「維新」の思惑を打ち砕き、反対票を掘り起こすことに成功した路地裏対話という勝利の方程式を私たちが確かに手にしたということです。8年近くに及んだ安倍政権もまた、固定化した組織票を誇るとともに、50%前後という国政選挙の低投票率によって勝ち抜いてきたのです。「選挙に強い安倍」という幻想は、低投票率によって保たれてきたものにすぎません。市民と野党の共闘を深化させ、野党統一候補を全国の小選挙区に擁立することで自公政権に代わる野党連合政権を展望するうえで、大阪市民の路地裏対話の実践を全国各地に広げていくことが求められています。

コロナ禍の中で、人びとの意識は確実に変化しつつあります。人びとの気づきや目覚めを手掛かりに、壮大な路地裏宣伝と路地裏対話を展開し、今年中に必ず行われることとなる衆議院総選挙での勝利を展望していくことができればと思います。

第10章　コロナ禍が暴きだした維新の正体

＃維新に殺される

「＃維新に殺される」――いま、ＳＮＳ上ではこうしたハッシュタグをつけた数多くの投稿が飛び交っています。大阪維新の会が府知事や大阪市長の地位を占め、10年以上にわたって統治してきた大阪の地は、昨年来のコロナ禍おいて深刻極まりない感染拡大と医療崩壊に直面してきました。とりわけ、今年３月以来の「第４波」における惨状は、まさに目を覆いたくなるありさまです。そしてこの惨状が維新の府知事や市長らによる人災にほかならないことが、多くの府民・市民の前に明らかとなりつつあります。「＃維新に殺される」――これは多くの府民・市民の偽らざる心の叫びです。

大阪の惨状に目を向けてみましょう。『ＡＥＲＡ』（２０２１年5月8日発信）によれば、今年5月5日時点における10万人あたりのコロナによる死者数は大阪では19・6人。インドの15・5人、メキシコの16・２人、米国の14・５人を大きく上回りました。また朝日新聞（２０２１年5月16日付朝刊）によれば、4月以降の府内の死者数は全国のそれの3割を超え、累計死者数は、5月16日時点で１９５８人と東京の１９５１人を上回り、全国1位となりました。

その背景には、感染者数の増大に病床確保がまったく追いつかず、療養中の感染者の「入院率」はわずか10％にとどまり（5月12日時点）、1万４０００人もの感染者が自宅療養を余儀なくされているという現実がありました。その結果、自宅療養中などに病院で治療を受けることなく死亡した患者数が19人にのぼるなど、絶望的としか言いようのない医療崩壊がもたらされたのです（朝日新聞、同前）。『科学』（岩波書店、２０２１年5月号）に掲載された濱岡豊慶応大学教授の論文によれば、「健康影響」「対策」「市民の協力」「経済影響」の観点から選定した10指標に基づく都道府県の新型コロナへの対応評価のランキングで、大阪府は47都道府県中最下位です。こうした惨状が、維新府政・市政のもたらした人災にほかならないことは誰の眼にも明らかだと言わねばなりません。

新型コロナウィルス感染症と世界の変化

コロナ禍は、世界と各国社会の歪みを根底から暴き出し、多くの人びとにさまざまな気づきと目覚めをもたらしつつあります。そしてこの気づきと目覚めによって、世界や各国社会のあり方に確実な変化が引き起こされようとしています。２０２０年10月24日に50か国目の批准書が国連に寄託され、２０２１年1月22日に核兵器禁止条約がついに発効の日を迎えたのも、その前々日にアメリカ社会の分断を絶望的なまでに深刻化させた米トランプ大統領がホワイトハウスからの退去を余儀なくされたことも、こうした変化の現われです。「大阪都構想」をめぐる二度目の住民投票での反対派の勝利もまたこうした変化の一環です。

人びとの気づきと目覚めは以下の4点に整理できるでしょう。それは①改めて明らかとなった人の命の大切さと人間の尊厳・個人の尊厳、②感染拡大が露にした貧困と格差、そして医療体制と公衆衛生の脆弱性をもたらした新自由主義の問題性、③人類共同の闘いに分断を持ち込み、医療充実や貧困解消に向けるべき資源を軍事費に浪費する自国第一主義や大国主義の愚かさ、④科学的なエビデンスに基づく説明責任を果たし得ない政府を戴くことの痛いほどの不幸です。

日本も例外ではありません。小泉構造改革以来20年にわたる新自由主義的「改革」がもたらした公衆衛生や医療体制の絶望的な脆弱化には、もはや誰もが気づかざるを得ません。「モリカケ問題」や「桜を見る会」における隠蔽・捏造・改竄で不信にまみれた安倍前政権が、これでもかとくり出した全国一斉休校、アベノマスク配布、ＧｏＴｏキャンペーン強行などの愚策のオンパレード。日本国民は説明責任を一切果たすことなく、一片の信頼も置くことのできない政府を戴く不幸を痛切に思い知らされました。菅義偉政権に替わっても、その本質は変わることなく、ＧｏＴｏキャンペーンや東京五輪開催への固執、緊急事態宣言発令への躊躇やワクチン接種の致命的な遅れなど、「アベのままでスガ政権」の体たらくもまた目を覆いたくなるばかりです。

「維新」政治の虚像と実像

安倍―菅自公政権のあまりの体たらくを引き立て役に、維新の吉村府知事がにわかに脚光を浴び、人気を博しました。しかし大阪におけるコロナ禍の深刻化で、その化けの皮も剥れ落ちようとしています。大阪で10年以上続いてきた維新政治の本質は新自由主義そのものです。維新政治が大阪における貧困と格差の拡大、公衆衛生や医療体制の絶望的脆弱化の原因であることは、もはや誰も否定できません。

維新政治は、医療、福祉、教育への財政支出を大幅に削減し、その体制を絶望的なまでに脆弱化させました。「二重行政の解消」の掛け声の下、地域医療に多大な貢献をしてきた住吉市民病院を廃止しPCR検査を担うべき府立公衞研と市立環科研を統廃合し、その人員を3分の2にまで削減したことは記憶に新しいところです。図1に示したように維新政治の下、2019年までの12年間に府下の公務員の病院職員数は8785人から4360人へと50・4%も削減されました（全国平均は6・2%減）。コロナ医療の最前線で不眠不休の対応にあたっている医療機関の多くが公立病院であることを考えれば、これがどれほど致命的だったかわかるでしょう。小泉構造改革以降、行

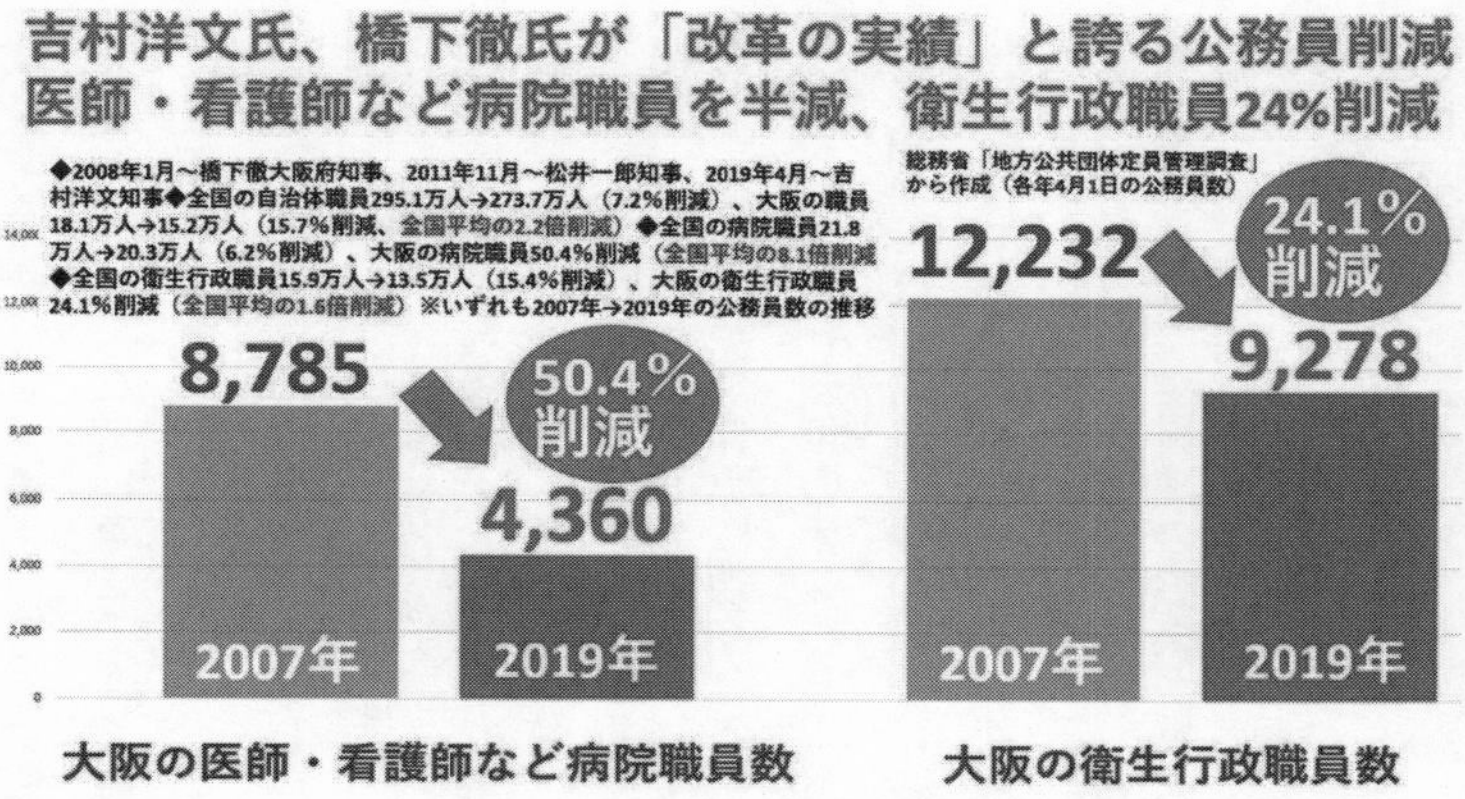
吉村洋文氏、橋下徹氏が「改革の実績」と誇る公務員削減
医師・看護師など病院職員を半減、衛生行政職員24%削減
◆2008年1月～橋下徹大阪府知事、2011年11月～松井一郎知事、2019年4月～吉村洋文知事◆全国の自治体職員295.1万人→273.7万人（7.2%削減）、大阪の職員18.1万人→15.2万人（15.7%削減、全国平均の2.2倍削減）◆全国の病院職員21.8万人→20.3万人（6.2%削減）、大阪の病院職員50.4%削減（全国平均の8.1倍削減◆全国の衛生行政職員15.9万人→13.5万人（15.4%削減）、大阪の衛生行政職員24.1%削減（全国平均の1.6倍削減）※いずれも2007年→2019年の公務員数の推移
総務省「地方公共団体定員管理調査」から作成（各年4月1日の公務員数）
8,785
50.4%削減
4,360
2007年
2019年
12,232
24.1%削減
9,278
2007年
2019年
大阪の医師・看護師など病院職員数
大阪の衛生行政職員数
図１　2020年５月11日、Twitter　井上伸＠雑誌KOKKO@inoueshin0より

政区ごとにあった保健所は統廃合され、275万都市・大阪にわずか1か所しか存在しなくなり、維新政治の12年間で府下の衛生行政職員数は1万2232人から9278人へと4分の3にまで削減されたのです。保健所も、医療現場も、検査体制も、維新による新自由主義的「改革」の結果として、コロナ禍によりあっという間に逼迫したのはいうまでもありません（図1参照）。

橋下徹氏でさえ自己批判せざるを得なかった

こうした問題については、あの橋下徹氏でさえ、「大阪府知事時代、大阪市長時代に徹底的な改革を断行し、有事の今、現場を疲弊させているところがあると思います。保健所、府立病院など」「平時の時の改革の方向性は間違っていたとは思っていません。ただし、有事の際の切り替えプランを用意していなかったことは考えが足りませんでした」と自己批判せざるを得ませんでした

（2020年4月3日、橋下徹@hashimoto_lo より）。

しかしこうした言い草こそが、維新政治の無責任さをこれ以上なく明らかにするものです。市民の命を守るべき大阪市の住民サービスは、無責任の極みともいうべき維新政治により、絶望的なところにまで切り縮められていました。そこにコロナ禍が襲ってきたのです。

それでもなお、「吉村知事は良くやっている」という声があったのも確かです。記者会見や国会答弁からひたすら逃げつづけた安倍―菅両首相に比べれば、何かをやってるようには見えました。でもやってるように見えたのは、昨年9月までに「大阪ワクチン」の接種を開始するとのドヤ顔での発表や、防護服の代用としての「雨合羽」提供の市民への呼び掛け、ポビドンヨード入りうがい薬＝イソジンがコロナに効くとのドヤ顔での会見などアベノマスクやＧｏＴｏキャンペーンも顔負けの思いつきと愚策のオンパレードにすぎません。

極めつけは、コロナ禍の最中に「大阪都構想」についての2度目の住民投票を強行したことでした。多くの市民の「住民投票よりもコロナ対策を！」との警告にもかかわらず、住民投票は強行され、11月半ば以降、爆発的な感染拡大と2度目の緊急事態宣言発出へと繋がりました。さらにその後もイギリス型変異種の感染が拡大するなか、緊急事態宣言解除の前倒しに血道をあげ、あっという間にリバウンドを許して、３回目の緊急事態宣言発出を要請せざるを得なくなったのです。

住民投票に示された維新の「強さ」とその限界

維新の政治的本質は、自らの新自由主義的「改革」によって一層拡大させた貧困と格差を背景にしつつ、たとえば維新の公認候補として衆院選に出馬した長谷川豊氏の「自業自得の人工透析患者なんて、全員実費負担にさせよ！　無理だと泣くならそのまま殺せ！」といった言説などを通して市民を分断して、中堅サラリーマン層や自営上層など分断した一方の側をガチガチの支持層へと固定化した組織勢力にほかなりません。そのことは、図2の投票結果を見れば一目瞭然です。投票率が低かろうと、高かろうと、大阪市内でコンスタントにたたき出される60数万票。これが大阪維新の強さの秘密です。

維新は選挙になると、二百数十名の地方議員に1日1人当たり600本の電話掛けのノルマを課すとされます。1日14万本、10日で140万本の計算です。くり返される選挙を通じて整備された支持者名簿に基づく徹底的な戸別訪問と電話掛け。これこそが大阪維新の選挙戦の実態であり、決して「風」まかせのポピュリストなどではないのです。

しかし、こうした維新の「強さ」には重大な限界があります。組織化された固定票に依存する大阪維新は投票率が高くなると勝てなくなるのです。昨年11月の「大阪都構想」をめぐる二度目の住民投票では、こうした大阪維新の強さとその限界が見事なまでに示されました。

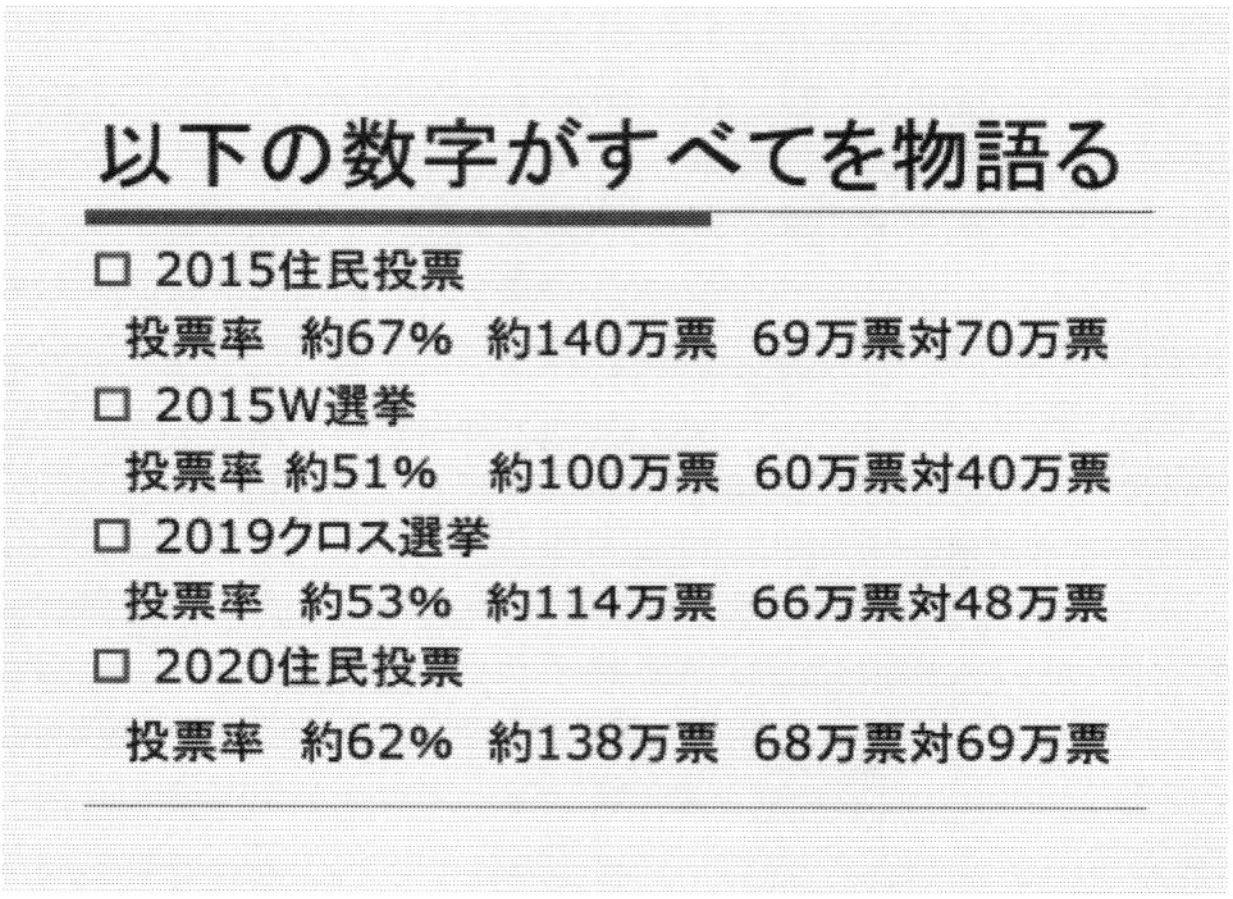
以下の数字がすべてを物語る
□ 2015住民投票
投票率　約67%　約140万票　69万票対70万票
□ 2015W選挙
投票率 約51%　約100万票　60万票対40万票
□ 2019クロス選挙
投票率　約53%　約114万票　66万票対48万票
□ 2020住民投票
投票率　約62%　約138万票　68万票対69万票

図２　維新が得た得票数（筆者作成の講演資料より）

維新は前回の住民投票の敗因が、橋下徹氏を先頭にした大物量作戦と市民への「煽り」が行き過ぎて、投票率が上がってしまったことにあると総括しました。そこで二度目の住民投票では、街頭での宣伝や物量作戦を控えて、もっぱら戸別訪問や電話掛けで戦うこと。すなわち彼らの言葉でいう「もぐる」ことに徹し、低投票率にすることで勝ち切ろうとしたのです（『週刊新潮』、２０２０年10月29日号）。

しかし、組織化された固定票を頼りに低投票率によって勝つという維新の驕りは、徹底した路地裏宣伝と路地裏対話によって反対票を掘り起こしていった市民の闘いの前に敗れ去りました。路地裏を主戦場にした市民による無数の対話は、図３に見られるように9月20日の段階で14ポイントも離されていた賛成と反対の差を、10月10日には3ポイント差にまで縮め、10月30日には逆転して見せました。投票率は62％にまで上がり、組織化された固定票をフルに出し切った維新の得票を、反対票がわずかに上回ったのです。

「大阪都構想」なき維新の「日本大改革プラン」

「大阪都構想」という一丁目一番地の看板政策を失った大阪維新は、コロナ禍への対応をおざなりにしつつ、大阪市が政令市として持つ権限と財源を大阪府に移管できるようにする「広域一元化条例」の制定を強行するなど、「改革者」としての体面を保つことに血道をあげています。

住民投票での二度目の敗北、コロナ禍における大阪の惨状、池田市長、梅村聡参議院議員秘書、愛知署名偽造事件の事務局長はじめ維新関係者の相次ぐ不祥事などにより、せっかく組織化し、固定化することに成功したコアな支持層が崩れ落ちていくことを維新は何よりも恐れているはずです。維新としては新自由主義的な「改革者」としての姿を一層鮮明にし、「都構想」亡き後の生き残りを賭けていかねばならないところに追い詰められているのです。

維新が起死回生を賭けて打ち出したのが、去る5月17日に発表した「日本大改革プラン」です。基礎年金、児童手当、生活保護を整理統合して、1人月6万円程度のベーシックインカム＝最低所得補償を導入することを柱とするこのプランは、かの竹中平蔵氏が昨年来にわかに主張しはじめたものの引き写しでしかありません。年金や生活保護など社会保障の領域からの政府の全面撤退を意味するものであり、究極の新自由主義的「改革」プランにほかなりません。

維新は菅首相のブレーンでもある竹中氏に全面的にすり寄ることで、新自由主義の権化というべきその正体を露骨に顕すと同時に、コロナ禍への対応の無能無策によって支持率を急速に低下させている菅自公政権の補完勢力に過ぎないことも露わにしたわけです。長引くコロナ禍のなかで、多くの国民は貧困と格差を拡大し、医療体制を脆弱化させてきた新自由主義の問題性への気づきと目覚めを深めようとしています。こうした国民の前に自らの正体を露呈せざるを得なくなった維新の賭けは、いかなる結果をもたらすことになるのでしょうか。

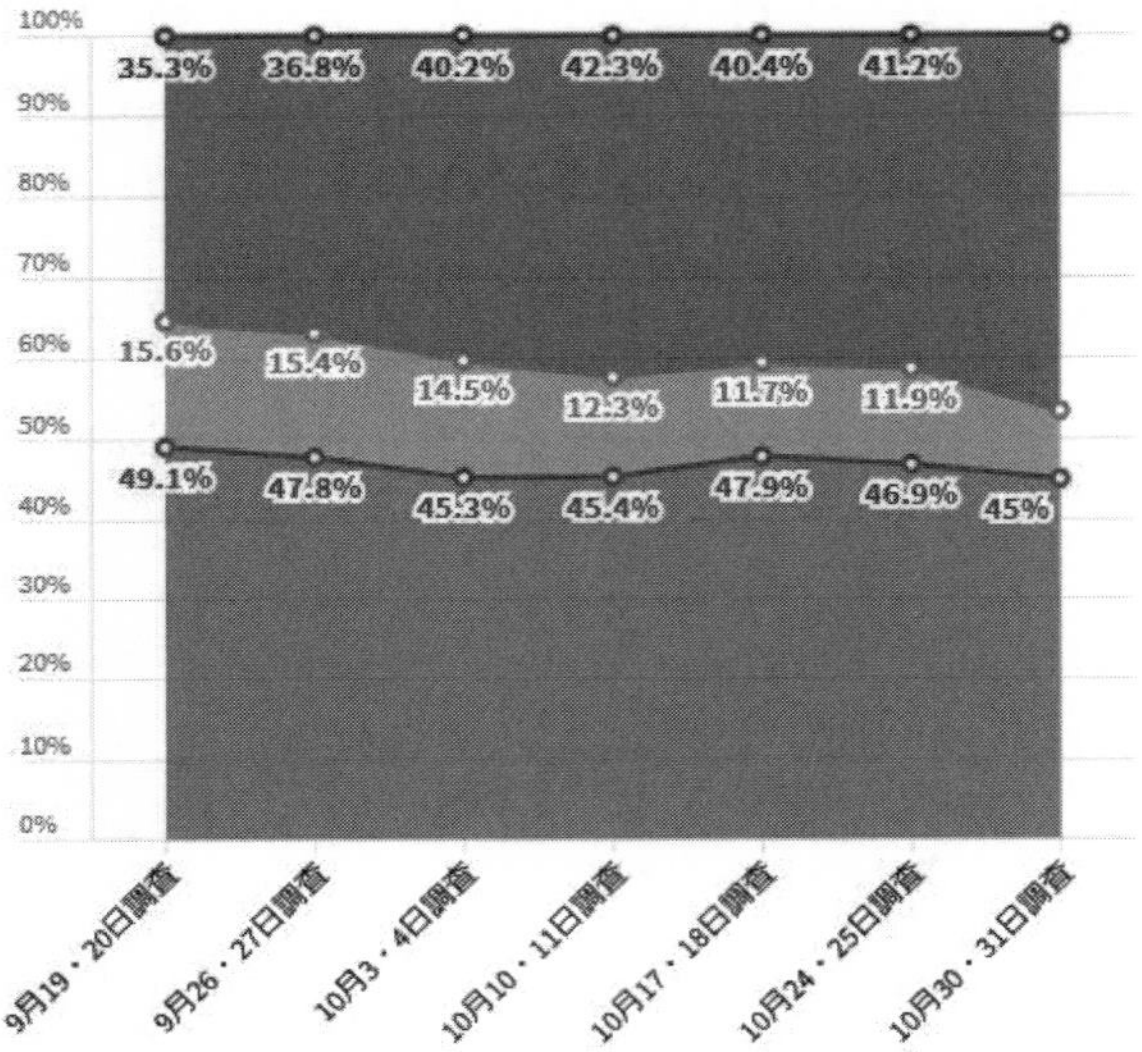

図３　都構想への賛成・反対の推移
(https:// www.asahi.co.jp/abc-jx-tokoso/)

　コロナ禍によってもたらされつつある多くの国民の気づきと目覚めに形を与え、来るべき衆院総選挙での市民と野党の共同の発展と野党連合政権実現へと繋げていくことがいまこそ求められているのです。

第11章　21年総選挙での維新躍進の謎を解明する

──ジャーナリスト・西谷文和氏との対談

西谷　今回の総選挙、自民党がそれほど減らず、立憲が伸びないどころか議席減。結果として維新だけが急増するという残念な結果に終わりました。

冨田　10月31日の投開票日。選挙速報を見ながら悔しくて眠れませんでした（苦笑）

西谷　私もやけ酒をあおってました（苦笑）

冨田　翌朝、確定した得票数を分析しました。結論から言うと、それほど驚くべき結果ではなかった。小選挙区制度の歪みがモロに出ていて、得票数と議席数がかなりズレているのです。

西谷　得票数51％でも当選しますからね。あとは全て死に票。

冨田　候補が乱立したところも多数あったので、半分以下の得票でも8～9割の議席を取れます。これでは正確に民意を反映できないから比例代表を置いて調整をしようと、並立制にしています。しかしこの間のリストラで国会議員の定数を511から465へ削減していて、減らしたのは主に比例の部分。つまり、より民意が反映しにくい制度になっているのです。

西谷　投票率もそれほど上がりませんでしたね。

冨田　はい。約5割の人々が棄権する。残りの3割を自民、公明、維新が。そして2割を立憲、共産、れいわ、社民などの野党が獲得しています。

西谷　いわゆる5対3対2の法則が今回も。

冨田　これがそのままだったというのが今回の大問題です。野党が共闘したのだから、5：3：2が崩れて、5割の棄権層のうちの1割、つまり1000万票くらいが野党共闘に入れるだろう、と予想していたのです。

西谷　私も期待していました。棄権している5割の人々は、今までのアベスガ政治、自公政権に嫌気がさしているから選挙に行かなかったのではないか。もし無党派と呼ばれている彼らのうちの1割が投票に行ってくれれば、自公維の保守には入れない。2割の立憲野党に入れるはずだ。そうなれば4：3：3になって政権交代もありうる、と。

冨田　今、西谷さんは無党派の人々と言いましたが、正確には「かつて民主党に入れた人々」です。2009年の総選挙では投票率が約69％。つまり全体で2000万票も多かった。その多くが民主党に入れたのです。

西谷　あの時の政権交代は「その2000万票」の結果でしたね。

冨田　だから「まだ2000万人が眠っている」のです。それとずっと選挙に行っていない3割の人びと。失業して途方に暮れている人びと、食うや食わずの生活を余儀なくされたり、シングルマザーで掛け持ちでパートをしていたり。投票に行くどころか、政治に関心を持つゆとりさえない人たちがいます。

西谷　この3割は、コロナでさらに増えているのでは?

冨田　そうです。かつて民主党に入れた2割の人々に「もう一度選挙に行こうよ」という働きかけと、本当に困り果てて、政治に関心を抱くゆとりすら持てない人々に寄り添って、生活を再建できる希望ある政策を提示する。これができていなかった。私は当初「野党共闘が実現したので、投票率が上がるだろう」と期待していました。しかし甘かった。野党共闘という投票率を上げる条件は整った。しかし活かしきれなかった、というのが現実でしょう。

西谷　自民党、立憲民主党などの得票数ですが、現実にはどれくらいだったのですか?

冨田　自公維で約3507万票、立憲、共産、国民、れいわ、社民の野党5党で2148万票(表1)。19年の参議院選挙では自公維が2916万票なので今回約600万票の上積み。一方、野党5党はこの時1920万票だったので、今回は200万票の上積み。

西谷　えっ、惨敗の野党も票を増やしているのですか?

冨田　そうです。票を増やしても議席は減らす。これが小選挙区のマジックです。ちなみに自民

表１　2021 年総選挙と 2019 年参議院選挙での比例票（単位：万票）

	自民党	公明党	維新	立憲民主	国民民主	共産党	れいわ	社民党
2021 年衆議院	1991	711	805	1149	259	417	221	102
	合計：3507			合計：2148				
2019 年参議院	1771	653	490	791	348	448	228	104
	合計：2914			合計：1919				

表２　比例票　過去 10 年の経緯（単位：万票）

	2012 衆	2013 参	2014 衆	2016 参	2017 衆	2019 参	2021 衆
維新	1226	653	838	515	338	490	805
自民	1662	1846	1765	2011	1855	1771	1991
公明	711	756	731	757	697	653	711
立憲民主					1108	791	1149
国民民主						348	259
共産	368	515	606	601	440	448	417
れいわ						228	221
社民	142	125	131	153	94	104	102

党単独でみると、19年の１７７１万票で今回が１９９１万票と若干増。維新は19年の４９１万票で今回は８０５万票（表２）と一人勝ち。

西谷　倍増してますね。

冨田　ところが維新は橋下時代の12年総選挙で１２２６万票も取っています。16年に５１３万票と半減し、17年は３３９万票これが底で、19年に４９１万、今回が８０５万。つまり維新は１０００万票を獲得する底力があり、今はかつての３分の２しか取っていない、とも言えます。

西谷　維新といえば政治とカネ、女性スキャンダルはもちろん、市長室にサウナを持ってきたヤツがいたり、秘書が酔っ払って知人を車でひき殺そうとしたり、「犯罪者集団」と呼んでもおかしくない政党だと思います。なぜそんな政党に1000万もの支持が集まるのでしょうか？

冨田　一貫して新自由主義的「改革」を唱えているからです。よく維新を支えているのは貧困な若年僧で、現状の改革を望んでいるからだ、と言われますが、これは全くの幻想。実際の支持層は中堅サラリーマンや自営業で成功している人たち。

西谷　いわゆる「勝ち組」ですね、カギカッコ付きの。

冨田　俺たちは一生懸命がんばって働き続けている。そんな俺たちの稼いだ金を税金で持っていかれて、怠けている生活保護受給者や公務員になぜ「分配」されないといけないんだ、という価値観。かつて千葉1区から出馬した長谷川豊という人物が「自業自得の人工透析患者なんて、全員実費負担にせよ！　無理だと泣くならそのまま殺せ。今のシステムは日本を滅ぼすだけだ」と言いましたが、こうした価値観。でもこの20数年間を振り返ってみれば、新自由主義がはびこるのも当然なんですよ。「自己責任」だ、官から民へ、競争に勝ち残れ、と言い続けてきたわけですから。

西谷　「竹中平蔵の頭」になった人たちが一定数いる。

冨田　だってビジネスマンが一番の多数派でしょう。今回の出口調査を見ても40代、50代の男性に維新支持者が多い。ネクタイ締めてスーツ着て第一線でバリバリ仕事をしている人たち。同時に「連合」という労働組合の罪。選挙後すぐに国民民主党が維新に秋波を送っているでしょ。あれは「連合＝国民民主」の組合員であるサラリーマンと維新の支持層が重なっているからですよ。つまり維新の潜在的な支持基盤は、合わせると2～3000万人もいる。これが大阪ではゴッソリと維新に流れた。全国的にはこの層は国民や立憲にも流れたので、大阪ほどの得票はなかったのですが。今回の総選挙では岸田首相が「分配と成長」と言い出したでしょ。

西谷 そう、当初は分配が大事。新自由主義と決別して「新しい資本主義」を、と。

冨田 最初はそう言って総裁選挙に臨んだ。

西谷 すぐにトーンダウンして、金融所得課税も引っ込めるし「まずは成長」と、アベノミクスに戻りましたが。

冨田 瞬間的には、自民党は新自由主義と決別しようとした。だから自民党の内部で「新自由主義か、そこからの脱却か」で揺れたんです。

西谷 立憲野党はずっと「まずは分配だ」「国民生活の底上げだ」と言い続けていましたね。

冨田 そう。これを選挙の争点にし切れなかった。その中で唯一新自由主義の旗を掲げていたのが維新だった。維新の松井党首は「身を切る改革」「さらなる規制緩和で成長だ」と。

西谷 それではますます格差が広がり貧困化するのですが、有権者は迷ってしまう。特に第2次ベビーブーム世代が企業の中心を担っている現在、彼らは競争競争で追い立てられ、そこを踏張って生きのびてきた、と感じている。「俺たちを苦しめてきたのは古い政党たちだ。自民や公明、共産は信じることができない」と思っているのかも。

冨田 しかも援軍のように矢野康治財務事務次官が『文藝春秋』に「財務次官、モノ申す」という論文を出した。「このままでは日本は破産する」と脅かした。つまり野党の「まずは分配」をつぶしにかかったのです。

西谷　あれは麻生財務大臣（当時）の許可があった、と言われています。自民党や財界の中で野党や岸田の考えを壊さないとダメだという勢力がいたのでしょうね。

冨田　だから維新は「８００万票で止まった」のです。岸田がアベ、麻生側に付いたから、自民に票が戻った、とも言えます。

西谷　維新が出てきた時、つまり橋下時代は「風頼みの政党」でした。稀代のペテン師ともいうべき橋下の口車に乗せられて、旋風が吹いた。しかしその後の維新は組織政党に生まれ変わっていく。大阪ではものすごい数の府議会議員、市議会議員を擁して、彼らが体育会系のノリで毎日駅立ち10回、握手1日３００人とか。

冨田　毎日６００本の電話かけ、ですよ。市会議員、府会議員たちは日頃から町内会の行事で例えば盆踊りや区民体育祭、小中学校の卒入学式などに顔を出して名刺交換して名簿化している。そしてそこに電話をかける。議員と支持者だけではノルマをこなせないから、ビラ配りなどにアルバイトを雇ってね。

西谷　そうそう、今回も選挙違反だ、と維新の関係者が捕まっていました。

冨田　都構想の住民投票でも。電話作戦、駅立ち、ビラまきなどアルバイトを雇ってね。厳密にはこれら全て選挙違反なのです。今、体育会系と言われましたが、むしろブラック企業に近い。

西谷　維新とは逆に立憲民主党はほとんど地方組織がない。そして共産党の運動員は高齢化している。つまり今やリベラルな政党、つまり立憲や共産が「風頼み」になっている。だから「投票率が下がるほど維新が勝つ」のですね。

冨田　そうです。だからこそ5：3：2の壁を破らなければいけない。立憲野党側が5割の棄権層から1割、１０００万票を掘り起こさないと選挙には勝てない。２０２２年夏の参議院選挙に向けて急いで地力をつけないと勝てません。

西谷　この基本的な違いはどこから出てきたのでしょう？

冨田　維新と立憲はともに新しい政党なのですが、決定的に違うのが「維新が地方組織から生まれた政党」。立憲は「国会議員が止むに止まれず結成した政党」だということ。

西谷　そうでした。維新のルーツは、大阪維新の会として橋下知事時代に。

冨田　だから地方議員を大事にする。地方議員こそが主力。今や大阪には２３９名にものぼる地方議員がいる。西宮など阪神間を入れるともっと多くなりますね。

西谷　大阪の衛星都市、市議会の定数が20~30程度の所で「1~5位まで全部維新」のような現象が起きています。

冨田　私の地元、兵庫県の西宮市でもそうですよ。これは維新がドブ板選挙をしているからです。昔はこれを公明党や共産党がしていました。逆に立憲民主党は２０１７年の希望の党騒動の時に、小池百合子から「排除しますわよ」と切られそうになった側、枝野代表が捨て身で結成した政党です。まぁ昔の民主党も国会議員は多いけれど地方議員は少なかった。地方組織がないから、

「連合」に頼らざるを得ない。

西谷　その「連合」が共産党と組むな、と圧力をかけるので、野党共闘がなかなか進まない。枝野代表は、いわば「股裂状態」だったわけですね。

冨田　多分、立憲民主の候補者は「連合」の手を借りなければ、ポスター張り一つできない。

西谷　1つの小選挙区に何百という掲示板。あれを候補者個人とその周辺だけでは張り切れません。その手足となってくれる地方議員ですが、確か大阪では大阪市議会には立憲民主党ゼロ、府議会にも1人か2人。

冨田　そうです。なのでドブ板選挙をやる人がいない。だから辻元清美さんでも負けてしまった。

西谷　世論としては「アベスガ政治を許さない」「野党はまとまって闘え」でしたが、枝野は最後まで揺れてしまった。

冨田　逡巡していたのでしょう。ようやく野党統一候補を確定できたのは選挙の直前。たしか総選挙の公示1週間前だったかな。

西谷　9月8日に4野党が政策合意をして消費税5％とか原発ゼロでようやくまとまってくれた。しかしその時はすでにスガが辞任を発表した後で、自民党総裁選挙が始まっていて大手メディアは総裁選一色。もっと早く4党が合意していたら、メディアもそれを報じざるを得ない。枝野の逡巡が痛かった。というより「連合」の存在が邪魔だった。

冨田　そこを岸田はちゃんと分かっていて、総選挙を1週間早めたんですよ。野党がもめて、候補者を一本化できないうちに選挙だ、と。

西谷　共産党とれいわはある種「大人の対応」をして、譲歩に次ぐ譲歩で候補者を降ろしました。例えば東京8区の山本太郎は、自らが降りて立憲民主の応援に回った。しかし立憲民主党はずっと「冷たい野党共闘」でした。枝野は共産党の志位委員長と演説をしても、一緒には写真撮影しなかった。

冨田　「連合」から言われていたのでしょう。共産党と並ぶな、と。

西谷　でもそんな「連合」の言いなりになって、原発や大企業の内部留保問題、貧困解消の問題で曖昧な態度を取り続けてきたから、立憲民主党の支持率が低迷していたのでしょう?

冨田　そうです。そこが自力で戦える維新と「連合」頼みの立憲民主党の違いでもありました。でもね、立憲民主党が負けたと言われていますが、今回1149万票も獲得しているんですよ。19年の参議院選挙では791万票。すごく伸ばしているのです。

西谷　つまり「まずは分配だ!」と言った立憲民主を支持する人々も多かったのですね。

冨田　議席数で大きく負けていますが、得票数では負けていない。なので枝野代表が辞任に追い込まれるのも少し可哀想だなと思います。

西谷　小選挙区でも1万票以下の大接戦で競り負けた、というところが多かった。

冨田　31選挙区もあります。

西谷　野党がもう少し頑張れば、オセロみたいにひっくり返ってましたね。

冨田　31選挙区であと1万票上積みができていれば、自民は230議席で単独過半数割れ。逆に立憲民主は127。あと1万票が取れれば、比例票も増えるので、比例復活する人が出てきます。こうなれば与野党伯仲。また全然違った景色が見えてきます。

西谷　選挙後のメディア報道も違っていたでしょうね。

冨田　そうなっていれば、「野党共闘が功を奏した」「1強の自民党はこれから試練の時だ」と、そして岸田退陣か？　という風になってますよ。

西谷　今はメディアが、特に政府寄りの御用評論家たちや「連合」の幹部が、共産党と組んだから負けたんだ、「立憲共産党」では選挙に勝てない、などと野党共闘を盛んに攻撃しています。しかし、もし共闘していなければ、立憲民主党は壊滅的な打撃を受けていたでしょう？

冨田　そうです。共闘で勝ち上がったのです。そして野党5党は得票を増やしています。もし全ての選挙区で1万票が上積みされていれば、投票率は3％程度上がることになります。もし5％上がったら、さらに野党票が積まれると考えられるので、全く違った景色になります。

西谷　でも選挙って、その1万票が難しい。

冨田　はい、その通り。一番重要なのは「かつて民主党に入れた人たち」2000万人にちゃんとしたメッセージを届けることです

西谷　最後に2022年夏には参議院選挙があります。今回の総選挙の結果から教訓を学んで、

私たち立憲野党と共に歩もうとする市民の側は、今後どうしていけばいいと考えていますか？

冨田　次の参議院選挙は平和憲法、特に９条が争点になります。衆議院では維新を合わせて改憲勢力が３分の２を超えてしまった。参議院もそうなると憲法改悪の発議ができるようになってしまいます。何としても立憲野党が３分の１以上を獲得しなければなりません。

西谷　全国に32ある１人区で、野党が共闘して候補を一本化しなければダメですね。

冨田　それは必須条件。さらに２～４人区でも勝てるような地力をつけないとダメです。もし野党が勝利して衆参がねじれたら、自民党は早期に衆議院を解散するかも知れません。

西谷　ねじれ国会では法案が通りませんからね。

冨田　そうです。早ければ２年後にも総選挙があるかも。そしてこの時が勝負です。多くの小選挙区では、すでにまがりなりにも野党統一候補がいるのですから、この人を「われわれの候補」と決めて、その候補者を育てていく。地域で政策協定を結び、共通の得票目標を持つ。あと１万票とか２万票とか、具体的なゴールが今回見えたのですから。どうしたら自民公明、あるいは維新の候補に勝つことができるのか、それぞれの地域で主体的な行動を今からやって行くしかないと考えています。

西谷　そうですね、冷静に考えると参議院選挙まであとわずか。何としても改憲勢力３分の２を止めないと。この選挙の冷静な分析で、今後の希望やすべきことが見えてきました。今日はどうもありがとうございました。

冨田　ありがとうございました。

※この対談は２０２１年11月６日に行われました。

おわりに　――モンスター的集票マシンとどう対峙するか？

２０２１年衆議院総選挙での維新の「躍進」

２０２１年10月31日に投開票が行われた第49回衆議院議員総選挙において、日本維新の会とその中核を占める大阪維新の会（以下、維新と略します）は、大阪の19選挙区のうち候補を擁立した15選挙区の全てで当選をかち取るとともに、約８０５万票の比例得票によって獲得した25議席と合わせて計41議席を獲得しました。改選前から30議席増という結果は、自民党の15議席減、立憲民主党の13議席減、日本共産党の２議席減という状況のなかで、いわば「一人勝ち」とも言うべきものであり、全国においても一躍、維新への注目が集まりました。

たまたま本書の「はじめに」として収録されている拙稿がウェブ上に全文掲載されていたため、

それが投開票日以降、10日間で3万アクセス超えというかたちでバズったことは、この「躍進」を受け、これまでになく多くの人びとが「維新とは何者か」「維新はなぜ強かったのか」という率直な疑問を抱き、その答えを求めていたということを示していたように思います。本書の刊行も、こうした大方の疑問に答えることを企図して急遽進められることとなりました。

維新の比例得票約805万票は、確かに前回2017年総選挙における約339万票と比べれば「大躍進」に見えます。しかしこの選挙では、維新は小池百合子氏の希望の党と連携し、棲み分けを行なったために、このような得票に止まっただけのことでしかありません。他の政治勢力との合流や分裂を繰り返してきた維新の比例得票を比較するのはなかなか難しいのですが、2014年総選挙での比例得票約838万票、獲得議席41、2012年総選挙での比例得票約1226万票、獲得議席54という結果を考えれば、今回の結果は比例得票に関する限りは、とりわけ驚くほどのことではないようにも思われます。

しかし問題が維新の本拠地・大阪での「躍進」であることは言うをまちません。大阪府下19の小選挙区で、前回は3議席獲得に止まっていた維新が、公明党との取り引きで候補擁立を行わなかった4選挙区（「大阪都構想」をめぐる維新と公明党との裏取り引きに関しては、本書第8章を参照）を除く15選挙区全てで勝利を収めたのです。大阪府下での維新の得票は、選挙区では前回の101万7834票から158万4059票と60万票近く、比例票に至っては、その伸びは93万4972票から171万5862票と80万票近くにのぼります。まさに維新「躍進」と言っていいでしょう。

２０２１年総選挙における維新の「躍進」は、新自由主義的「改革」により、自らの手で絶望的にまで拡大させてきた貧困と格差を深刻な分断へと転化し、その分断を繰り返される選挙を通じて固定化し、組織化することに成功したモンスター的集票マシンという維新像を再確認させるものにほかなりませんでした。維新は、大阪府下において絶対得票率30％前後の得票を投票率如何を問わずにコンスタントに叩き出す文字通りモンスター的な集票マシンとして自らを確立しつつあるのです。

今後、このモンスター的集票マシンとどのように対峙していけばいいのでしょうか。確かなことは、維新の正体を正面から見据えることなしに、これに答えることはできないということでしょう。本書の最後にこの問いに答えるための若干の考察を行っておきたいと思います。

結論から言えば、絶対得票率30％前後の得票をコンスタントに叩き出す、このモンスターと対峙するためには、①何が何でも１対１の構図を作り出し、②投票率を60％以上に引き上げる以外にはないということです。現に二度にわたる住民投票における維新の敗北は、そのことを実に見事に証明しているのです。

以上のことを踏まえて、間近に迫った２０２２年７月の参議院議員選挙、そして当面、維新との一大決戦の場になる23年４月の大阪府知事・大阪市長ダブル選挙、とりわけ、二度目の住民投票の敗北によって政界引退を表明した松井一郎市長の後任を決める大阪市長選に向けて、このモンスター化した集票マシン＝維新にどう挑むべきかについて論じることで、本書のむすびに代えることにしたいと思います。

２０２１年衆議院総選挙の結果と２０２２年参議院議員選挙の課題

２０２１年衆議院総選挙は、15年の9月の安全保障法制＝戦争法の強行採決の夜、国会前に詰めかけた市民の中から湧きあがった「野党は共闘！」の声に応えて、６年越しで追求されてきた「市民と野党の共闘」が、ようやく本格的に発動され、市民連合と立憲4野党の政策合意、立憲民主党と日本共産党との政権合意、約２２０選挙区における野党統一候補の擁立という歴史的な条件の下で、政権交代を懸けた初めての選挙として戦われました。

この歴史的な選挙の結果は本書第11章の西谷文和さんとの対談で詳しく論じ合ったようなものでした。自民、公明、維新の側の死に物狂いの分断攻撃に対する適切な反撃が必ずしも十分ではなかったという野党側の弱点とも相俟って、議席数のうえでは自民党単独での絶対安定多数の確保、自民、公明、維新の改憲勢力が３３４議席を確保して改憲発議に必要な3分の2のラインを大きく上回る結果となってしまいました。

しかしこの結果は、実際の得票数や得票率の差と獲得される議席数の差が大きく乖離する小選挙区制中心の選挙制度の歪みがもたらしたものに過ぎません。得票数に注目して見れば、野党候補はおよそ30もの選挙区において自民の候補者に対して1万票以内にまで肉薄しており、さらに自民や公明の候補の得票に対して80％以上のところまで迫った（惜敗率80％以上）の選挙区は55近くにのぼりました。投票率があと3％上昇して、総投票数が300万票増え、各選挙区で1万票程度の上積みが野党候補になされていれば、自民党の単独過半数割れという結果がもたらされたはずです。さらに投票率があと5％上昇して、総投票数が500万票増えたとすれば、55近くの選挙区と比例票の増加によって、約70議席が逆転し、自民党は200議席を大きく割り込み、自民、公明合わせても過半数割れという結果になっていました。政権交代は決して不可能な夢などではなかったわけです。

問題は、あと5％投票率を上げることができなかったこと、本書第11章でも問題とした「3：2：5の壁」を崩すことができなかったことに尽きるのです。この壁を打ち破るためには差し当たり、かつて民主党政権の成立と政権交代をもたらしながら、やがて民主党政権の裏切りに失望し、政治そのものから遠ざかってしまった約2000万人の「大量棄権層」の心に再び政治への希望の火を灯し、投票所に足を向けてもらうほかないこともまた、第11章での西谷さんとの対談で述べた通りです。

2021年総選挙の結果が得票数や得票率においていかに紙一重の残念なものだったとしても、国会運営のあり方は議席数によって決まります。衆議院で改憲発議に必要な3分の2の議席を確保した自民、公明、維新の3党は国民民主党をも巻き込んで、衆参両院の憲法審査会における改憲論議の再開を強行しました。

これによって2022年7月に予定されている参議院議員選挙には、改憲への動きを阻止することができるか否かという重大な課題が課せられることとなりました。参議院において改憲発議に必要な3分の2の議席を自民、公明、維新の3党に絶対に与えないこと。2015年以来、「市民と野党の共闘」の発展を追求すると同時に「安倍9条改憲NO！」の旗を高く掲げて、これまで改憲の動きを阻止してきた私たちは、まさに正念場の選挙を迎えようとしているのです。

参議院において改憲勢力による3分の2の議席確保を阻止するためには、32の一人区の全てに野党統一候補を擁立することを中心に、「市民と野党の共闘」を再構築し、野党共闘の実を挙げていくことが不可欠であることは言うまでもありません。同時に本書のテーマである維新との対峙という観点からは、2021年総選挙での「躍進」によって勢いづく維新の足をどのようにしたら止めることができるのかという問いに答えなければならないように思います。維新は紛れもない改憲勢力であり、とりわけ総選挙後の国会内外での改憲論議の扇動ぶりには目に余るものがあるからです。

この問いに答えるには、維新という政治勢力にいまだ馴染みのない大阪以外の地域での闘い方と、維新の本拠地であり、維新がモンスター的集票マシンとしての自らを確立しつつある大阪選挙区での対峙の仕方とを分けて考えることが必要でしょう。

大阪以外の地域における維新との闘い

この間の参議院議員選挙における維新の議席獲得と得票の状況はどのようなものだったのでしょうか。２０１６年参議院議員選挙で維新は、比例代表において５１３万３５８４票を得て４議席を確保し、選挙区においては大阪選挙区の２議席と兵庫選挙区の１議席を獲得、合わせて７議席を獲りました。

前回２０１９年参議院議員選挙では、比例代表において４９０万７８４４票を得て５議席を確保、選挙区においては、大阪選挙区で２議席、兵庫選挙区で１議席、東京選挙区で１議席（音喜多駿氏）、神奈川選挙区で1議席（松沢成文氏）を獲得、合わせて10議席の獲得となっています。

維新が大阪、兵庫以外の選挙区で議席を獲得したのは、前回の東京、神奈川が初めてであり、これが俄かに拡大するとは考えづらいところでしょう。したがって２０２１年衆議院総選挙での「躍進」に勢いづく維新の足を止めるには、比例代表での戦いが中心となることは言うまでもありません。

差し迫る参院選で、維新が２０２１年衆議院総選挙並みの８００万票を獲得すれば、投票率にもよりますが、比例代表においてあと３~４議席を上積みする恐れがあります。小さな数字には見えますが、参議院において改憲勢力の３分の２確保を阻止するためには、決して許してはならない上積みです。そしてこれは、全国共通の課題として、大阪以外のすべての地域において、しっかりと念頭におき、自公両党への批判と併せて、意識的な維新批判を展開していくことが必要でしょう。21年総選挙では、ほとんどの地域で、維新への警戒は十分なものとはいえず、むしろノーマークの状態であったと思われます。維新の「躍進」はその間隙を縫ってのものだったともいえます。来るべき参院選では、この轍を踏まないことが必要です。

本書では、2021年衆議院総選挙で維新が強かった理由を3点に整理して提示しました。それは以下の通りです。

①直前の自民党総裁選で岸田文雄現首相が「分配無くして成長なし」として、新自由主義からの脱却を仄めかしたことによって、新自由主義的「改革」を高く掲げつづける唯一の政党としての立ち位置を確保したこと。このことによって、「勝ち組」意識を持った中堅サラリーマン層など従来の支持層を固め、さらに拡げることに成功したこと。

②橋下徹氏と吉村府知事が在阪テレビ局の情報番組に出ずっぱりとなり、安倍—菅自公政権のコロナ失政への批判を展開しつづけたことにより、自公政権に対する批判票の受け皿として浮上することに成功したこと。

③10年にも渡る維新の新自由主義的「改革」により、大阪における医療や公衆衛生の現場が疲弊し、それによって全国最悪の医療崩壊と感染拡大がもたらされたという厳然たる事実を、反維

新の側が有権者に十分浸透させ得なかったこと。

以上の3点を踏まえれば、維新が自公両党に対するオルタナティブではないことを広範な有権者に知らせていくことが何よりも必要であることは明らかでしょう。維新政治の本質を「組織化されたポピュリズム」とみなす本書でのこれまでの議論は全体として、差し迫る参議院議員選挙に向けて維新批判を強めていくために必要な素材を提供するよう企図されたものにほかなりません。

そのうえで、維新への批判を展開するために、最も有効であると思われるポイントを挙げるとすれば、以下の2点になるでしょう。

①本書の「はじめに」の冒頭でも紹介した長谷川豊氏の「自業自得の人工透析患者なんて、全員実費負担にさせよ！　無理だと泣くならそのまま殺せ！今のシステムは日本を亡ぼすだけだ‼」というおぞましい発言と、維新がこの発言で物議を醸したこの長谷川氏を衆議院千葉1区に公認候補として擁立したという事実です。維新政治の本質をこれほど雄弁に物語る事実はありません。こうした事実を明らかにすることが、今こそ求められているのではないでしょうか。

②メディアに出ずっぱりとなり、安倍―菅政権や岸田政権のコロナ失政への批判を強めることで、ヤッテル感を醸し出している吉村府知事や松井大阪市長の足元で、いかに深刻なコロナ感染の

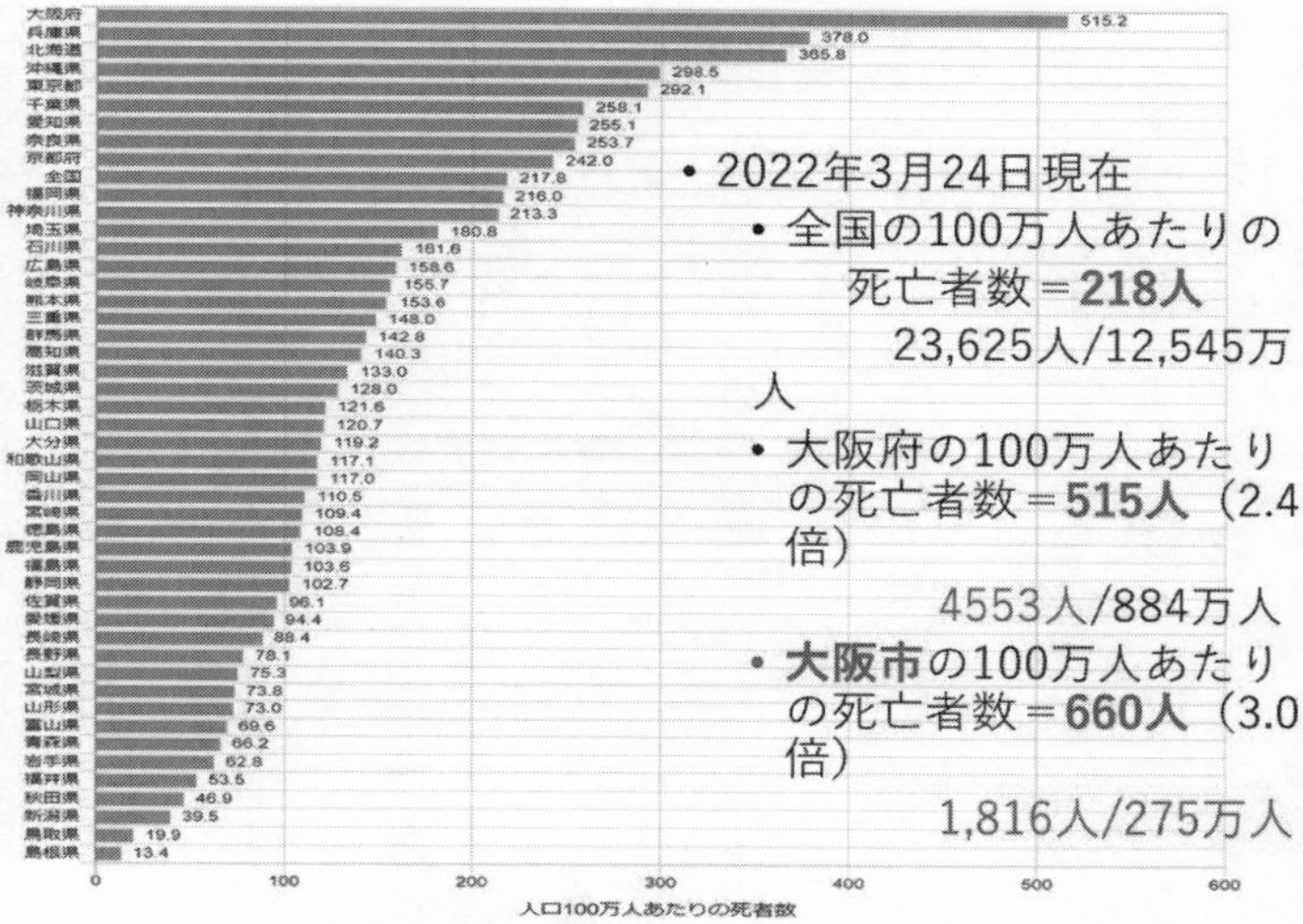

図　筆者作成のパワーポイントより
2021年９月21日Twitter、井上伸＠雑誌KOKKO@inoueshin0から作成

爆発的拡大があり、多くの人びとの尊い生命が奪われてきたのかをしっかりと指摘し、暴露することです。図が全てを雄弁に物語っています。２０２２年3月24日現在のコロナ感染症による１００万人当たりの死者数が大阪市で６６０人、大阪府では５１５人にのぼり、それぞれ全国平均の２１８人の３・０倍、２・４倍にのぼっているという厳然たる事実です。こうした事実ほど維新政治の本質を明白に示すものはないのではないでしょうか。

誰が人間の尊厳ある生命を蔑ろにしているのか。そのことを徹底して明らかにしていくことが、維新政治への最も有効な批判であることは、もはや言うまでもありません。勢いづく維新の足を止め、改憲の動きを阻止していくために、全国各地で維新への警戒を強め、こうしたポイントを踏まえた維新批判を強めていくことが強く求められているのです。

参院選大阪選挙区における維新とのたたかい

2016年参議院議員選挙と19年参議院議員選挙の大阪選挙区と兵庫選挙区における各党の得票状況と議席獲得状況は、表の通りです。一見してわかるように、大阪選挙区では維新が定数4のうち2議席を獲得しており、兵庫選挙区の1議席と合わせて、維新の議席確保が安定的に行われる選挙区となってしまっています。とりわけ、大阪選挙区の2人の候補に2回の選挙において連続して見事な票割りを実現して見せたことは、本書の随所で指摘したように、維新のモンスター的集票マシンへの変貌ぶりを如実に示したものにほかなりません。大阪選挙区で定数4中の2議席、兵庫選挙区で定数3中の1議席を維新が確保するという力関係は、1朝1夕には打ち破れそうにはないようにも思われます。

しかし、大阪・兵庫の2選挙区から選出される7議席の全てを自民、公明、維新の改憲勢力に独占されつづけるのもいかがなものかと問わざるを得ないところでしょう。とりわけ、改憲発議可能な3分の2の議席を改憲勢力が確保することを許すか否かが厳しく問われる2022年参院選においては、なおさらだと言わなければなりません。

表　参議院議員選挙大阪選挙区、兵庫選挙区における各党の得票数

2016年参院選大阪選挙区	2019年参議院大阪選挙区
当自民・松川　761,424	当維新・梅村　729,818
当維新・浅田　727,495	当維新・東　660,128
当公明・石川　679,378	当公明・杉　591,669
当維新・高木　669,719	当自民・太田　559,709
共産・渡辺　454,502	共産・辰巳　381,854
民進・尾立　347,753	立民・亀石　356,177

2016年参院選兵庫選挙区	2019年参院選兵庫選挙区
当自民・末松　641,910	当維新・清水　573,427
当公明・伊藤　542,090	当公明・高橋　503,790
当維新・片山　531,165	当自民・加田　466,161
民進・水岡　420,068	立民・安田　434,846
共産・金田　228,811	共産・金田　166,183

もちろん、投票率を60％以上に引き上げることに成功し、その引き上げられた分の大半が立憲民主党と日本共産党の候補者に投ぜられたとすれば、この力関係は大きく揺らぎ、改憲阻止のための議席を複数獲得することも不可能ではありません。そのためには、この後でも論ずるように、①かつて民主党による政権交代に期待して投票したものの、その期待が民主党政権によって裏切られ、政治そのものに失望してしまった大量棄権層と呼ぶべき人びとの心に再び希望の火を灯し、投票所に足を向けてもらうこと、②路地裏を主戦場とした路地裏宣伝と路地裏対話を徹底的に展開して、地を這うような政治的対話で自・公・維への批判票を掘り起こしていくこと、③貧困と格差の拡大の中で、今日、明日の食事にも事欠いて、政治に関心を持つ余裕やゆとりを奪われてしまった――政治的無関心層と呼ばれる人びとの中で一定の割合を占める――人

びとに向き合い、しっかりと寄り添って、政治への希望を共有していくことが必要です。こうした課題に真正面から応え、投票率を引き上げていくことが、改憲を阻止し、市民と野党の共闘による政権交代を実現していくためには避けては通れないことを忘れてはなりません。

他方で、大阪選挙区と兵庫選挙区をまたがった立憲民主党と日本共産党との候補者一本化の可能性を追求していくことも必要でしょう。両党の得票数を合算すれば、大阪、兵庫の両選挙区のいずれにおいてもトップ当選を十分にうかがえることは、表により明らかです。そのことによって、自民、公明、維新のいずれが弾き出されようと、大阪と兵庫で改憲勢力を2議席減らすことができるのです。候補者の一本化は、最終的には立民、共産両党の協議に委ねられるべきものですが、各地の市民連合や市民アクションなどの市民団体が社民党、れいわ新選組、新社会党など他の立憲野党をも巻き込んで、大阪、兵庫という維新との関係において特殊性を持った2つの選挙区での「市民と野党の共闘」の特別なあり方を求めて声をあげていくことが必要なのではないでしょうか。

大阪で維新が3議席獲得を狙ってきたら

２０２１年総選挙における維新の大阪府下の比例票が１７２万票にのぼったことを踏まえると、維新が22年参院選大阪選挙区で、３人目の候補者を擁立し、定数４のうちの３議席の獲得に挑んでくる可能性も否定できません。維新が絶対得票率30％をコンスタントにうかがうモンスター的集票マシンとしての自らの組織的力量をフルに発揮すれば、投票率が50％前後に止まればという条件付きですが、決して不可能な話ではないのです。

この場合、維新も相当のリスクを負うことになることは言うを待ちません。170万～180万の得票をキレイに三分することに失敗すれば、全滅することはないにしても、2議席を失う可能性が出てくるからです。さらに言えば、投票率が上がれば上がるほど、維新の共倒れの可能性が高まることになるでしょう。

しかし維新にしてみれば、2021年総選挙で新たに固定化した支持層を一層組織的に固めていくためにも、チャレンジングな姿勢を取り続けることが必要です。安定的に2議席を確保するために守りに入れば、せっかく固定化した支持層が剥がれ落ちる可能性も否定できません。

いずれにせよ、維新が3議席獲得に挑んできたら、全力を挙げて受けて立つのみです。そうなった時には、立民と共産の候補者一本化がますます意味を持つように思います。自民、公明、立民／共産で3議席を固めれば、維新には1議席しか余地がないからです。もっとも投票率を劇的に引き上げることができれば、立民と共産がそれぞれ候補者を擁立することで、むしろ維新を3人とも共倒れさせる可能性も出てきます。どちらを選ぶかは、政治的決断の問題です。

ともかく維新との対峙において重要なことは、次の2点です。それは、①可能な限り維新に対する候補者の一本化を行うことと、②投票率を引き上げることにほかなりません。維新というモンスター的集票マシンとの対峙には、これ以外の方法はないのです。

「寛容とリスペクトの政治」としての「オール大阪」の再構築

次に、2023年4月に迫っている大阪府知事と大阪市長のダブル選挙にどう挑むかという問題です。とりわけ、二度目の住民投票の敗北を受けて政界引退を表明した松井市長の後任を決める大阪市長選挙は、維新の命運を懸けた一大決戦となるはずです。維新も市長選候補者選びに電話世論調査による予備選を導入することを打ち上げる（22年1月4日）など、はやくも話題づくりに血道を上げています。

すでに述べたように、絶対得票率30％前後の得票をコンスタントに叩き出す、このモンスターと対峙するためには、①何が何でも1対1の構図を作り出し、②投票率を60％以上に引き上げる以外にはありません。そのことは、大阪府知事選や大阪市長選においてはなおさらのことであり、そこには他の可能性を探る余地など全く存在しないのです。

何としてでも1対1の構図を作り出すために反維新の側が党派や政治的な立場を超えて共同することは、「不寛容なポピュリズム」に対峙するための鉄則と言わなければなりません。言うまでもなく、大阪府知事選や大阪市長選も例外ではあり得ないのです。それは単に多数派を形成するためにする野合ではありません。人びとの間にある「違い」をことさらに暴き立てるとともに、自分たちと違うものに対する憎悪と排斥の感情を煽り立て、敵＝スケープゴートを徹底的に叩くことで、喝采を浴び支持を集めようとする「不寛容なポピュリズム」を原理的に乗り越えていくためには、「寛容とリスペクト」に基づく市民の共同と連帯の発展が不可欠だからです。

「不寛容なポピュリズム」には、「寛容とリスペクトの政治」を対置していくしかありません。それは、トランプ氏に対抗し、一大旋風を巻き起こしたバーニー・サンダース候補の闘いや、メディアの下馬評を覆して極右ポピュリストの台頭を阻んだ、オーストリア大統領選挙やオランダ総選挙、さらにはル・ペン氏の当選を阻んだフランス大統領選挙にも共通して見られたことなのです。オーストリア大統領選で当選したファン・デア・ベルン氏の語った「これは不寛容に対する寛容の勝利だ」という言葉、これこそが「不寛容なポピュリズム」と闘う世界中の市民が共有すべき教訓にほかなりません。

そしてこうした教訓は、スペインで84年ぶりに共産党員の入閣を実現した社会労働党とウニダス・ポデモス（ポデモス連合）との連立政権の誕生（２０２０年1月）、ベルギーにおける7党連立政権の成立（20年10月）、米国におけるトランプ政権の敗退とバイデン政権の成立（21年1月）、ノルウェーでの労働党と中央党の連立政権の発足（21年10月）、ドイツでの社会民主党、自由民主党、緑の党の3党連立政権の誕生（21年11月）、さらにはチリ大統領選挙における左派ガブリエル・ボリッチ氏の勝利（21年12月）などによって次々に確かめられてきたのです。

「不寛容なポピュリズム」としての維新政治は、大阪の府民、市民の中に、深刻な対立と分断、亀裂と遺恨を残してきましたが、その一方で、維新政治に反対する市民の間には、これまでに経験したことのない連帯と共同の絆がつくり出されてきたことを忘れてはなりません。広範な市民と自民党から共産党までの諸政党が、政治的立場や意見の違いを超えて、維新への対抗と「大阪都構想」反対で一致して行動した「オール大阪」の共同です。

2015年5月の一度目の住民投票を反対派の勝利に導いたものが、この「オール大阪」の共同の力であったことは誰にも否定できないことでしょう。同年11月の府市ダブル選挙では、この「オール大阪」の共同に冷たい隙間風が吹き荒れ、十分な共同の力を発揮することができないという試練にさらされることとなり、その後の府市クロス選挙や20年11月の二度目の住民投票でも、「オール大阪」の共同が十分に機能したとは言い難いことも否定できません。しかし、「不寛容なポピュリズム」に対抗するには、広範な市民と諸政党が、お互いの立場や意見の違いを尊重しながら、一致する点で共同するという「寛容とリスペクトの政治」に習熟していく以外にはないという認識が、実体験を通じて広範な市民に共有されてきたことだけは確かです。

2023年4月に迫った大阪府知事、大阪市長のダブル選挙において、絶対投票率30%前後をコンスタントにうかがうモンスター的な組織的力量を獲得しつつある維新と対峙するためには、いまこそ「オール大阪」の共同を再構築していかなければなりません。

筆者はこの間、社会学者の宮台慎司氏の議論を援用し、新自由主義的な「経済保守」、歴史修正主義＝「靖国」派的な「政治保守」、地域における伝統的な産業、文化、コミュニティーなどを価値あるものとして保守しようとする「社会保守」という3つのカテゴリーへの保守層の分裂に注目し、「オール大阪」の共同の根底に、こうした保守層の分裂と解体の流れがあることを指摘してきました。いまこそ広範な「社会保守」の人びとを大きく巻き込んだ「オール大阪」の再構築が、とりわけ大阪市内において強く求められているのです。

そしてそれは同時に、かつて民主党による政権交代に期待して投票したものの、その期待が民主党政権によって裏切られ、政治そのものに失望してしまった大量棄権層と呼ぶべき人びとの心に再び希望の火を灯し、投票所に足を向けてもらうことにも大きく繋がるはずです。そのためのあらゆるイニシアティブに大いに期待したいと思います。

路地裏を主戦場とした対面的政治対話の展開

もう一つの課題は、投票率をいかにして60％以上に引き上げるかという問題です。これに関して、２０２０年11月の二度目の住民投票の勝利から学ぶべき重要な教訓が存在したことは、第９章において見たとおりです。

すでに見たように二度目の住民投票の時、維新は自らが獲得した組織力を活かして勝ち抜くために、あえて低投票率とすることを狙って「もぐる」という〝戦略〟を取ったとされています。「もぐる」という〝戦略〟は、言うまでもなく固い組織票を武器に徹底的な組織戦を闘い、低投票率の下で勝ち抜くという組織政党が好んで取ろうとするものであり、自らが固い組織票を誇る組織勢力であることを、維新が十分に自覚していることを明確に示すものでした。

これに対して、反維新の側が取った戦略は、「もぐる」という選択をした維新に対抗するうえで、もっとも有効なそれでした。すなわち、徹底的に路地裏に入り込み、路地裏宣伝と路地裏対話に総力をあげるというものだったのです。この徹底した路地裏対話という戦略が功を奏することで、維新の思惑は崩れ、彼らの意に反して投票率は62・35％にまで上がってしまったのです。その結果、反対票が「維新」の固定化された組織票を上回るという大逆転が導かれたことは、すでに見たとおりです。

「もぐる」ことに決め込んだ維新の驕りと、低投票率への不健全な期待は、路地裏で展開された無数の対話によって打ち砕かれました。それは私たちが繰り返される維新との闘いの中で、ついにその解き方を学び取った勝利の方程式にほかならなかったのです。

公職選挙法の様々な制約の下で行われる選挙活動と、こうした制約を免れた住民投票とでは、もちろんいろいろと勝手が違うことは否定できません。国政選挙や首長選挙などにおいて、路地裏宣伝と路地裏対話の活動を有効に展開していくためには、住民投票の時とは違った工夫が必要となるでしょう。しかし、地を這うような対面的政治対話の徹底的な展開以外に維新と対峙していく方法はありません。知恵と創意の限りを尽くして、路地裏を主戦場とした対面的政治対話のあり方を追究し、それに習熟していくことが求められているといえるでしょう。

政治に関心を持つゆとりすら奪われた人びとにどう寄り添うか？

最後に残された問題は、路地裏対話といういわば活動方法の問題ではなく、より根源的なそれだと言わなければなりません。

それは、格差と貧困の拡大の中で、明日のご飯、明後日のご飯をちゃんと食べることができるかどうかという問題に日々直面し、政治に関心を持つゆとりや余裕すら持つことができないまま、選挙に行くことなく棄権にとどまっているような人びと——すなわち、維新政治の推進する新自由主義的「改革」によって、置き忘れられ、ますます追い詰められてしまっている人びと——とどのように向き合い、寄り添っていけるかということです。彼等は一般的には、政治的無関心層と一括りにされてしまっている人びとにほかなりません。しかし、こうした人びととしっかりと向き合い、寄り添いながら、政治を変えていくことへの希望を共にしていくことなしには、投票率を本当の意味で引き上げていくことはできないのです。

大阪府の子どもの貧困率は、21・8％（全国平均13・8％）と沖縄県につづいて全国ワースト2であり、〝学校のない日に昼ご飯を食べられない子ども〟が全体の約20％に上っていることは、すでに見た通りです。こうした子どもの貧困が、母子家庭の貧困をはじめ、大人の貧困の反映であることはいうまでもありません。

そしてこうした母子家庭をはじめとする子どもと大人の貧困が、コロナ禍によってますますその深刻さを増していることは、もはやいうまでもないことでしょう。営業自粛や時短営業によって、いの一番に解雇され、シフトを減らされて生活苦に直面してきたのは、飲食業を始めとするサービス業で働く非正規雇用の人びとであり、その多くはシングルマザーや学生など最も立場の弱い人びとだからです。

しかし、コロナ禍と新自由主義によってますます追い詰められてきたこの人びとは、政治から疎外され、政治に関心を持つ余裕もゆとりも奪われてしまっています。自らの貧困や苦しみを「自己責任」の結果だと受け止めるように無理矢理に馴らされ、生活保護バッシングをはじめ、中堅サラリーマン層などの「勝ち組」意識に基づく怨嗟や敵意を肌にひしひしと感じながら、貧しさを気取られることがないようにひたすら息を顰めているのです。そして、「生産性のない人間には生きる価値がないのだ」と自らを責め、耐え難い「生きづらさ」に悶え苦しんでいます。

「政治などという贅沢な営み」は日々の食事にも事欠く人びとには、まったく縁遠く、別の世界の出来事にしか思えません。全体の3割にのぼるとされる政治的無関心層の多くは、実際には、このような政治に関心を持つゆとりや余裕すら奪われた、本当の意味で貧困と格差に喘ぐ人びとなのではないでしょうか。

私たちは、維新との対峙するうえで、こうした状況に置かれたシングルマザーや学生をはじめとする人びとにしっかりと向き合い、寄り添っていかなければなりません。しかしこれは、私たちが最も不得意とする課題でもあります。「政治的無関心は悪だ」と決めつけ、寄り添うのではなく、「お前たちのような無関心層が政治をダメにしたのだ」と非難の眼差しを向けがちだからです。

大阪には「シンママ大阪応援団」や豊中の「ただ飯食堂」（〝ごはん処おかえり〟）など貧困と格差に寄り添う素晴らしい活動がいくつも存在しています。民青の若者たちもこの間のフードバンクの取り組みで、本当に「貧困と格差に喘ぐ若年貧困層」との繋がりを築き始めています。れいわ新選組の山本太郎さんの２０１９年参院選における「あなたに生きていて欲しいんだよ！」という呼びかけに、「生まれて初めて生きていいんだと認めてもらえたような気がした」と涙したシングルマザーが、生まれて初めて足を向けた投票所で、比例区は山本太郎さん、選挙区は辰巳孝太郎さんに投票したというお話もうかがいました。

私たちは、こうした素晴らしい経験にも学びながら、維新によって本当に苦しめられ、追い詰められてきた人びととしっかりと寄り添い、そのことを通じて、政治を変えることへの希望を共にしつつ、投票率を引き上げていかなければならないのです。

「勝ち組」意識を持った中堅サラリーマン層や自営上層の人びとの「貧乏人」や「年寄り」や「病人」への敵意や憎悪を煽り立てて、大阪における貧困と格差を分断へと転化させ、そのうえでこうした分断を固定化し、組織化することに成功したモンスター的集票マシンとしての維新。このモンスターと対峙する私たちの前には、いまなお多くの課題が残されているのです。

しかしこうした課題と真正面から向き合い、①何としてでも１対１の対決の構図を作り出し、②

投票率を60％以上に引き上げることで、絶対得票率30％を叩き出すモンスター的集票マシンとしての維新を打ち破る闘いを展開していかなければなりません。２０２３年4月に迫った府知事選と大阪市長選に向け、維新と闘い得る態勢を構築していくことが求められているのです。

補論①
２０２３年統一地方選挙での〝維新躍進〟の虚像と実像

はじめに

２０２３年４月の統一地方選挙で、「日本維新の会」とその中核を占める「大阪維新の会」（以下、「維新」と略す）は、道府県議を59議席から１２４議席へ、政令市議を83議席から１３６議席へと増やし、さらに政令市以外の一般市議を１１３議席から２５６議席へ、とりわけ東京都下の区議・市議などを22議席から73議席（今回獲得したのは67議席）へと大きく増加させた。メディアはこれを「維新」の全国的〝躍進〟と大きく取り上げ、野党第一党どころか政権交代をも視野に捉えた〝大躍進〟であるかのような報道をくり広げた。

こうして「維新」についての〝新たな虚像〟がメディアによって生み出されることとなったので

ある。橋下徹大阪府知事の登場と「維新」結党以来、10年以上にわたって大阪の地で「維新」と対峙してきた者として、極めて苦い思いを込めて言えることは、「維新」との闘いとは何よりも、彼ら自身が発信し、在阪メディアがもっぱら増幅させる〝虚像〟との闘いにほかならないということである。

メディアが増幅する〝虚像〟に惑わされることなく、冷静な眼をもって統一地方選挙の結果を見た時、いったいいかなる実像が姿を顕すことになるだろうか。本稿の作業をまずはその辺りからはじめよう。

道府県議選で「維新」が議席を獲得したのは、41道府県のうち18道府県、そのうち10道県は1議席を得たに過ぎない。獲得した124議席中、近畿6府県議が105議席を占め、増加分65議席のうち48までは近畿6府県議が占める。近畿圏以外で躍進と言えそうなのは、前回0から6議席に増やした神奈川県ぐらいであろうか。これを全国的〝躍進〟と呼ぶのはいささか無理があろう。

政令市議に眼を転じても、〝躍進〟と言えそうなのは、大阪、京都、神戸を除けば、横浜の0→8、川崎の1→7、相模原の1→4の神奈川県下3都市ぐらいである。これに東京都下の区・市議の51議席増を加味しても、今回の全国的〝躍進〟は、近畿6府県と東京、神奈川で起こった出来事でしかないのである。

こうした局地的〝躍進〟を全国的〝躍進〟であるかのように描き出すところにこそ、「維新」とメディアの合作による〝虚像〟づくりの現実が現れている。

しかしこの全国的〝躍進〟がたとえ〝虚像〟に過ぎなかったとしても、「維新」という存在を侮ってもいいということには決してならない。なぜなら「維新」は、少なくとも京阪神及び奈良に於いては、彼らの本質である「組織化されたポピュリスト」としての実力を見事なまでに発揮して見せたからである。そして、大阪から京阪神へ、京阪神から東京・神奈川へと確実にその触手を伸ばそうとしていることもまた事実である。大阪のようにモンスター化してからでは手の施しようがない。まだ芽のうちに摘むにごとくはないのだ。

大阪における〝躍進〟の実態

「維新」の本拠地・大阪での〝躍進〟の実態に目を転じよう。「維新」は大阪府知事、大阪市長を圧倒的な大差で獲得し、府議会は前回88議席中の46議席から今回79議席中の55議席へと議席を伸ばし、議席占有率も52・3％→69・6％に引き上げた。市議会では前回の83議席中40議席から46議席へと議席を伸ばし、初めて過半数を確保した。これは反「維新」勢力にとっては惨憺たる敗北と言わざるを得ない。

表1と表2から見て取れるように、「維新」は府議選と大阪市議選で大きく議席を増やしたにもかかわらず、得票数はほぼ前回並みでほとんど増やしていない。むしろ大阪市長選では前回より若干減らしてさえいるのである。

ここに「組織化されたポピュリスト」としての「維新」の実力が遺憾無く示されている。すなわち、「維新」は、低投票率に終わった今回の地方選においても、絶対得票率30％をうかがう組織的固定票を確実に叩き出し、それを各選挙区の複数候補に見事に票割りして、多くの区で議席増を実現したということである。

表３にあるように、大阪市議選の５人区に３候補を擁立し、現職中心に２候補に少し厚く、３番手の候補に少し薄い票割りを行い、３番手候補を最下位で滑り込ませるという巧みな手法が際立った。こうした手法は、表４に示した兵庫県西

表１　大阪市長選の得票数、投票率、有権者数

大阪市長選	2015	2019	2023
得票数	596,045	660,819	655,802
投票率	50.51%	52.70%	48.33%
投票総数	1,056,466	1,137,170	1,015,816
得票率	56.42%	58.11%	65.54%
有権者数	2,127,593	2,189,852	2,214,966
絶対得票率	28.01%	30.18%	30.05%

表２　大阪市議選での維新の得票数

大阪市内	2019市議	2023市議
北	29,338	30,614
都島	24,143	24,966
福島	16,641	17231
此花	13,207	11746
中央	20,058	21,686
西	22,214	23,254
港	15,846	17,832
大正	12,564	11,485
天王寺	16,784	20,179
浪速	10,564	10,028
西淀川	14,632	15,926
淀川	35,517	38,030
東淀川	32,191	31,868
東成	17,300	16,883
生野	17,631	17,290
旭	16,273	16,956
城東	37,072	39,064
鶴見	22,303	25,285
阿倍野	23,796	24,669
住之江	24,680	23,896
住吉	無投票	32,004
東住吉	26,564	28,296
平野	32,717	36,156
西成	17,240	17,032
計	499,275	552,376
住吉除く	499,275	520,372

表３　大阪市議選５人区での維新の得票数

淀川区	2019候補	2019得票	2023候補	2023得票
	山下まさひこ	22,888	今井直人	14,615
	阪井はじめ	12,692	佐竹りほ	14,122
			阪井はじめ	9,293
	計	35,517	計	38,030

東淀川区	2019候補	2019得票	2023候補	2023得票
	守島　正	21,523	橋本まさと	15,034
	杉本みきと	10,668	増本さおり	9,917
			岩池きよ	6,917
	計	32,191	計	31,868

城東区	2019候補	2019得票	2023候補	2023得票
	飯田さとし	22,110	馬場のりゆき	14,919
	ホンダリエ	14,962	ホンダリエ	13,210
			わしみ慎一	10,935
	計	37,072	計	39,064

平野区	2019候補	2019得票	2023候補	2023得票
	杉村幸太郎	13,978	杉村幸太郎	14,655
	吉見みさこ	9,998	松田まさとし	12,007
	松田まさとし	8,741	吉見みさこ	9,494
	計	32,717	計	36,156

宮市議会選挙の例にも見られるように、大阪府下を超えて、京阪神地域に確実に広がりつつある。

低投票率でも高投票率でも、投票率に関わらず、ほぼ一定の票を叩き出し、しかもその票を確実に票割りすることができる。ここに「組織化されたポピュリスト」としての「維新」の本質的な姿がある。表５に示された大阪市長選と大阪「都構想」についての住民投票の結果は、投票率が67％に上った２０１５年

表４　兵庫県西宮市議での維新の得票数

2019候補者	得票数	2023候補者	得票数2
多田ひろし	当6,702	浜口ひとし	当4,367
谷本　豊	当5,903	多田ひろし	当4,065
江良けんたろう	当4,129	有銘こうへい	当3,891
脇田のりかず	当2,417	渡辺けんじろう	当3,880
福井きよし	当1,963	今泉ゆうた	当3,861
		森けんと	当3,602
		江良けんたろう	当3,321
		前島のぶなが	当2,734
		前田しゅうじ	当2,936
		大利こうじ	落1,771

表５　大阪「都構想」の投票数

	投票率	投票総数	維新	反維新
2015住民投票	約67%	約140万	約69万	約70万
2015ダブル選	約51%	約100万	約60万	約41万
2019クロス選	約53%	約114万	約66万	約48万
2020住民投票	約62%	約137万	約68万	約69万
2023ダブル選	約48%	約102万	約66万	約27万

の住民投票でも、投票率が48％に留まった今回の市長選でも、67万票前後という組織的固定票をコンスタントに叩き出す力を持っていることを示している。他方、表６で示した参議院大阪選挙区における「維新」の２候補の得票は、この組織的固定票が見事に票割りできることを表しているのである。

「維新」の本質――「組織化されたポピュリズム」

筆者はこの間、「維新」の実態について、新自由主義的「改革」により、自らが絶望的なまでに拡大してきた貧困と格差を深刻な分断へと転化し、その分断をくり返される選挙を通じて固定化し、組織化することに成功したモンスター的集票マシーンにほかならないと論じてきた。すなわち「維新」を「風まかせのポピュリスト」と見なすことは、こうした点での過小評価の危険を冒すものであり、その組織的に固定化された勢力をリアルに認識したうえで対峙していくことが求められているということである。

「維新」の支持層は、巷間流布されているような「ふわっとした民意」とか「格差に喘ぎ、現状打破を求める若年貧困層」などでは決してない。筆者が拙著で論じたように、彼らは都心の高層タワーマンションや郊外の戸建て住宅に住む「勝ち組」意識を抱いた中堅サラリーマン層や自営上層の人びとなのである。

「維新」は「官から民へ」「身を切る改革」をスローガンに新自由主義的「改革」を声高に叫び、2019年来のコロナ禍で露わになったように、大阪においてこの10年余りの間に、医療、福祉、教育に対する破壊的とも言うべき「改革」を断行してきた。

その一方で、「自業自得の人工透析患者なんて、全員実費負担にさせよ！　無理だと泣くならそのまま殺せ！今のシステムは日本を亡ぼすだけだ‼」という長谷川豊氏（この発言の炎上後、「維新」は彼を衆議院千葉1区の公認候補として擁立した）の発言に典型的に見られるような煽りによって、税や社会保険料などの高負担とそれに見合う公的サービスを受けられないことへの不満や、自分たちが払った税

表６　参議院大阪選挙区での維新の得票数

	浅田均	高木かおり	合　計
2016参院選	727,495	669,719	1,397,214
	梅村みずほ	東　徹	合　計
2019参院選	729,818	66,128	1,389,946

金や保険料を喰い潰す「年寄り」や「病人」や「貧乏人」への怨嗟や憎悪の感情を掻き立てて、中堅サラリーマン層や自営上層の「勝ち組」意識に基づく社会的分断を意図的につくり出してきたのである。

そしてこの分断を固定化し、組織化することで、少なくとも大阪府下においては、極めて強固なモンスター的集票マシーンへと成長してきたのであった。

いくつかの異論に応えて

「維新」の支持層についての筆者の見解に対しては少なからぬ異論が寄せられてきた。まずはそもそも「勝ち組」の〝タワマン族〟がそんなに大阪にいるものか、という異論である。筆者は「勝ち組」〝意識〟を持った中堅サラリーマン層と言っており、必ずしも彼らが「勝ち組」だとは考えていない。いつか「勝ち組」になりたいという〝上昇志向〟こそが、彼らの「勝ち組」意識を支えているのではないかと考えている。

質の問題を別にすれば「維新」は候補者募集にそれほど苦労してはいないようである。それは、強い〝上昇志向〟を持った若者たちが、次々と候補者に名乗りを挙げてくるからである。これもまた「維新」支持層のあり方と関係していよう。

ちなみに、ジャーナリストの菅野完の「大阪のタワマン族は、背伸びした『負け組』だ」という異論も、実質的には筆者と同じことを言っているに過ぎない。こうした「勝ち組」予備軍までを視野におさめれば、痩せても枯れても日本第二の経済都市であり、全国各地から集まった中堅サラリーマン層が集住する大阪に、「維新」支持層が一定以上の割合で存在することには何らの不思議もないのである。

さらには、坂本治也関西大学教授らの「政党イメージ調査」において、「維新」が「一般人の感覚に近い」（22・3％）と「経済的弱者の味方」（12・2％）の2つの項目で1位になっていることを挙げ、筆者のような「維新」支持層の捉え方に異を唱える向きもある。

しかし、自民党と業界団体、公明党と創価学会、立憲民主党と労働組合、共産党と共産党員（笑）の関係をあげつらい、あらゆる団体・組織とのしがらみから解放され、あらゆる「既得権益」とも無縁であるという「政党イメージ」は、「維新」自身が振り撒いてきた「自己イメージ」にほかならない。したがって、「維新」支持層が、自らを団体・組織とは無縁な〝個人〟として、いかなる「既得権益」とも無縁な「一般人」であり、こうした「既得権益」を享受できない「社会的弱者」であると自己規定することには、何ら不自然さはないと言えよう。

組織化のカギを握る地方議員たち

大阪における分断を組織的に固定化することに成功した「維新」の活動の鍵を握ってきたのが、

大阪府下において298名（2023年6月21日現在）にものぼる地方議員たちであることはいうまでもあるまい。

2015年11月30日付の『産経新聞』は、「維新」の地方議員たちが凄まじいまでの組織戦を展開していることを報じていた。大阪府下と近辺選出の国会議員、府会議員、市会議員、町村会議員、総勢百数十人（当時）が、1人1日600電話、300握手、10辻立ちのノルマを課せられ、幹部による抜き打ちの巡回点検などを通じて、ノルマ達成を日々強いられていたというのである。それは、ある所属議員が「ブラック政党ですわ」と自嘲気味にボヤくほどのものだった。

しかし、これほどの電話が掛けられているわりに、他党派の活動家からは不思議なほど、「維新」から電話があったという話を聞かない。つまり、無差別電話を掛けている訳ではないようなのだ。しっかりとした支持者名簿が議員ごとに整備されている可能性の高いことが推測されよう。

前回衆院選当時、240人に登っていた地方議員たちが、1日600本の電話を掛ければ1日あたり14万本余り、衆議院総選挙期間の12日では、約173万本である。この数字は「維新」の比例得票数約172万票と奇しくも付合する。逆に比例区における172万という得票が地方議員一人あたり何票の得票によって実現できるか見てみると、1人あたり約7200票という計算になる。

地方議員たちが、自分たちの選挙で実際にどれくらいの得票を獲得して当選しているのかを試しに見てみると、たとえば2023年4月の豊中市議選における「維新」市議の得票数は、①Y―8551、②N―8000、③F―7440、⑤S―6431、⑥I―6262、⑱T

—２４６１、㉑Ｈ—２４１０、㉗Ｏ—２１３９、㉙Ｋ—２０６１（①②…は当選順）。平均は約５０８４票、上位５人の平均は約７３３８票である。

「維新」の地方議員たちが、自分自身がそれぞれの地盤で確保している得票を参院選や衆院選、あるいは知事選などにおいて結集することができるのだと考えれば、参院選での約１３９万、前回衆院選比例区の約１７２万、知事選での約２４４万という得票数も決して不可能な数字ではないように思われる。

「維新」政治の３つの大罪

筆者はこの間、「維新」政治の「３つ大罪」として、①熟議としての民主主義の破壊、②くらし、いのち、教育の破壊、③市民の分断とコミュニティの破壊を挙げてきた。

①格差を分断に転化し、この分断の組織的固定化によって肥え太ってきた「維新」は、熟議というものの価値を根底から否認する。分断とは議論自体の欠如にほかならないからである。熟議を前提しない「維新」は「空気のように嘘をつく」。討議を前提としなければ嘘は暴かれる恐れはないからだ。したがって「維新」は「多数決こそが民主主義である」と嘯き、熟議の府としての議会の存在意義を極小化しようとする。何よりも議員定数の削除を意味する彼らの「身を切る改革」の正体はここにある。すなわち「維新」とは、「ポスト真実」という時代の寵児ともいうべき存在なの

である。
②「財政再建」「官から民へ」のスローガンのもと強行される過激な新自由主義的「改革」は、くらし、いのち、教育を根底から破壊してきた。その典型は、2019年来のコロナ禍で露わになった医療体制の脆弱化による「いのちの破壊」である。保健所、公立病院等に下された「維新」による「改革」の大鉈は、大阪府下の公務員の医療従事者を2008年からの10年間に半減させる程のものであり、また人口当りの保険師数を全国ワースト2にまで減らすものであった。その帰結が、人口当りのコロナ死者数全国1位という絶望的なものであったことはいうまでもない。SNS上に「#大阪維新に殺される」という怨嗟の声が満ち溢れた所以である。
③二度に渡る「大阪都構想」の住民投票をはじめ、くり返される選挙の中で、格差と分断の組織的固定化を推し進めてきた「維新」政治によって、大阪府下、とりわけ大阪市の市民とコミュニティには、修復困難な分断が持ち込まれ、固定化されてきた。「維新」と「反維新」の間の固定化された分断は、たとえ「維新」政治が退場したとしても容易に解消されるものではないであろう。

モンスター的集票マシーンといかに闘うか?

表5に見られる大阪市内のように有権者総数の約30%にあたる67万票前後の組織的固定化が達成されてしまえば、「維新」との闘いは極めて困難なものとなる。今回の大阪市長選の結果はこのこ

とを雄弁に物語っている。しかし、「維新」の絶対得票率が30％に留まっている限りは、①何が何でも1対1の構図に持ち込み、②投票率を60％以上に引き上げることができれば、「維新」に勝つことは可能となる。現に「大阪都構想」をめぐる2度の住民投票は、投票率を67％（２０１５年）、62％（２０２０年）に引き上げることができたことにより、「反維新」の側の勝利に終わった。問題はいかにしたら投票率を引き上げることができるかである。

大阪市以外の近畿圏においても、そして局地的〝躍進〟を遂げた東京や神奈川においても、組織的固定票を誇る「維新」のこれ以上の跋扈を食い止めるためには、投票率を引き上げていくことの必要性は変わるものではない。投票率の低さこそが、「維新」のようなモンスター的集票マシーンの〝強さ〟を支えるからである。

国政選挙での投票率の低さは、２０１２年の安倍政権登場以来の傾向である。それ以前は、２００５年の67・51％、２００９年の69・28％など、60％を超えることも珍しくなかった。安倍政権下でなぜ、国政選挙の投票率が50％前後にまで低落したのか。その原因を探り、投票率を引き上げる方策を見出していくことが求められている。

安倍政権登場以降、貧困と格差の一層の拡大のなかで、「今日のご飯」、「明日のご飯」に事欠く人々が大量に生み出されていることに鑑みれば、この間の投票率の低下の背景に、政治に関心をもつゆとりも余裕も奪われ、政治的無関心に留まることを余儀なくされた人々の存在があることに眼を凝らすべきなのではないかと考えられる。まさに「維新」政治をはじめとする新自由主義の席捲が、貧困と格差に苦しむ多くの政治的無関心（を余儀なくされた）層を生み出し、その結果もたらされた低投票率が、「維新」のような存在を肥え太らせているのである。

この格差と貧困のなかで政治的無関心へと追い詰められた人々にいかに寄り添い、政治への希望を共有することができるのか。これこそが我々に問われているのではあるまいか。

そしてこの政治への希望は、「失われた公共の回復」あるいは「公共の再生」といった問題に関わってくるのではないかという点に注意を喚起して、本稿を閉じたいと思う。

補論②
２０２７年統一地方選挙に向けて、今からが勝負
――ジャーナリスト西谷文和との対談

維新の強さを支える３割の岩盤支持層

西谷　今回は「２０２３統一地方選挙・前半を振り返る。大阪でなぜ維新が強いのか？　立憲野党の復活はあるのか」です。私、個人的には「大阪カジノを止めたい」と懸命に反維新の候補者を応援してたんです。結果は驚くべき票差で維新の吉村洋文、横山英幸の圧勝。大阪知事・市長のダブル選挙でいえば谷口真由美、辰巳孝太郎、北野妙子など反維新側は思った以上に浸透せず沈んでしまった。敗因は投票率ですね？

冨田　そうです。以前から指摘していますが、維新は巨大な固定票を持っています。絶対得票

率、つまり有権者総数に対して何割の人が投票するか、といえば大阪では約３割なんです。今回の大阪市長選挙で見ると、維新の横山候補は65万５８０２票を獲得、有権者は２２１万４９９６名なので、30・05％。見事に３割でしょ。４年前、前回の市長選挙は松井一郎が30・18％だったので、若干減らしています。維新が議席数では一人勝ちだったので「維新、強かった」と報道されていますが

西谷　そう。腹が立ってテレビの開票速報、早めに消してふて寝しました（笑）。

冨田　維新は有権者の30％を固め切った。全体の投票率が下がっているので、反維新の側は前回よりもさらに負ける、自分たちの支持層を広げることができなかった。言い方は色々あるけれど維新が勝ったというよりは、反維新が負けた、と言うことです。具体的な投票率を見ると、前々回２０１５年は50・51％、前回19年は52・70％。

西谷　前回はクロスだった、松井と吉村が互いに辞職して知事と市長を交代。話題になってたから。

冨田　今回23年は48・33％で、かなり下がった。盛り上がらなかったんですよ。そんな中でも維新は有権者の３割を出してくる。つまり投票率を60％まで上げなかったら、反維新は勝てない、ということなんです。都構想の住民投票では２回とも60％を超えた。１回目、15年の時は67％で、２回目20年は63％でした。それで都構想反対が辛うじて勝った。つまり60％を超えた時に初めて反維新の側に勝ち目が出てくる。今回48・33％に留まったのは誰の責任か？　それは反維新の側に原因

があると言わざるを得ない。

敗因は「投票してもどうせ維新やろ」という空気

西谷　反維新側が、知事選挙で割れてしまいました、谷口と辰巳に。これが大きかったのでは？

冨田　はい。「勝てそうだ」という希望を有権者に抱いてもらわないと投票所まで足を運んでもらえないんですよ。

西谷　「死に票になる」と思ったら、わざわざ行きませんよね。

冨田　私の友人が、普段は政治的な話をあまりしない人なんですが、「どうせまた維新やろ」とつぶやいてました。開票速報を見る前にね。

西谷　吉村が勝つわな、横山も固いな、と（苦笑）。

冨田　この感覚、どうせ行ってもまた維新やろ。これを払拭できなければ勝てないんですよ。

西谷　私も最終盤、街宣カーの上から演説させてもらったけど、街が白けてました。

冨田　どうせまた維新やろ、と投票に行かない人たちが「いや、今度は勝てるかもしれない」と思ってくれないとダメ。この状況にしないと60％にはならない。だけどもともと日本の選挙は60、70％の投票率だったんですよ。

西谷　かつてはね。

冨田　第二次安倍政権ができるまでは。だから60％は決して無茶苦茶な数字ではないし、実際に住民投票では2回とも超えてるわけなので、「どうせまた維新やろ」という空気に持って行かれるのが一番ダメなんです。

西谷　大手メディアも事前の世論調査で、例えば「吉村リード、谷口、辰巳懸命に追う」みたいな報道をするでしょ。やっぱり、維新が強いわーって思いますよね。

冨田　そこをどう突破するのか。そのためにはいろんな仕掛けが必要になります。やはり1対1で維新と激突しないといけない。そして「この人なら大丈夫だ」という候補者を早めに擁立することが大事です。今回の大阪市長選挙、北野妙子候補者は悪い候補ではなかったと思いますが、せめて1年前に決まっていたら……。

遅すぎた反維新側の立候補表明

西谷　確かに北野候補、都構想の住民投票の時には反対の旗を振っていいて、知名度はそこそこあった。でも立候補表明が遅いよね、2月9日、選挙の2か月前。

冨田　それに加えて、大阪市は有権者が220万人を超える巨大都市ですよ、テレビに出続けてる吉村、松井は知っていても「北野って誰？」でしょ。まして知事選挙は一本化できなかったでしょ。

西谷　弱い方の反維新、カジノ反対の側が割れてどないすんねん、という感じでした。維新の方が割れてくれたらいい勝負やけど。

冨田　1対1の構図にしなければ希望は見えてこない。それぞれの党派の事情は分かります。共産党のなかには、自民党と一緒に戦うのはイヤだ、逆に自民党のなかにも共産党とは組めない、と。だって自民党内部では自分たちが擁立した谷口さんですら、「リベラル過ぎる」と謀反が起きていたでしょ。

西谷　谷口さんはTBSのサンデーモーニングで、安倍政治や岸田政権の軍拡路線を批判していましたからね。

冨田　実際に知事選挙の出口調査の結果を見ると、自民党支持層も公明党支持層も6割方が吉村に入れてるわけです。だから簡単に一本化と言っても難しい面はある。だからこそ早め早めに選挙準備をするべきだった。4年前の選挙、3年前の住民投票の時から同じことを指摘してるわけですよ、絶対に1対1の構図にすべきだと。

西谷　そう、解散総選挙はいつあるか分かりませんが、統一地方選挙は4年前から日程が決まってるんですからね。

冨田　そこが辛いところ。希望が持てるのは次の2023年6月の堺市長選挙。反維新、カジノ反対で出馬する野村ともあきさんは、前回は直前になって決意して出たけれど、僅差で負けてから4年間ずっと準備をして、市民の側も「次こそ野村さんで勝つんだ」と満を持しています。

西谷　路上のラジオにも出演してもらいました。

冨田　カジノ反対、維新政治を止める、という希望をつなげて行くのならば、大阪市も、例えば北野さんで行くのなら、次の4年間かけて勝たせるための仕掛けが必要になってくる。

実はほとんど増えていない維新の得票数

西谷　負けたこの瞬間からね。ここで少し「維新の強さ」を振り返ります。大阪全体で維新は府議会議員、市議会議員を240名以上抱えています。東大阪や豊中、吹田、枚方など全部合わせてね。

冨田　今回でもっと増えたよ。

西谷　はい。250名ほどになった維新の地方議員がいる。この一人ひとりが、例えば5000～6000人の支持者名簿を持っています。だからこれら地方議員が「今回は吉村、横山を頼む」と言えば、どんなに投票率が下がっても大阪府全体で170万票になる。だから今回の選挙では「カジノのカの字も言わなかった」んです。街頭宣伝に出てこなかった。公開討論会も欠席。それでも勝てるわけですね。

冨田　彼らは自分たちがそれだけの組織を持っていると自覚しているから、「もぐる」んです。

西谷　もぐる。街に出てこない。

冨田　表に出て盛り上げてしまったら、投票率が上がっちゃう。
西谷　無党派が選挙に行ってしまう。
冨田　盛り上げないように、必死で押さえ込んで、自分たちの名簿を確実に固めた。
西谷　でもきっちり30％の絶対得票を出してくるって、すごいなー。
冨田　大阪市と堺市の市議会議員選挙を調べてみました。大阪市北区、前回の維新票は2万9338票で今回は3万614票。増えてるけどわずか1276票。例えば此花区……。
西谷　カジノ、夢洲の地元。
冨田　1万3207票から1万1746票と1461票減らしている。大正区は1万2564から1万1485。やはり1000票ほどの減。24区中8区で減らして15区で増やしている（住吉区が無投票）。
西谷　「維新圧勝」と報道されてるけど、得票数ではそれほど勝ってるわけではない。
冨田　大阪市全体では、前回が49万9275票で今回が52万372票。つまり2万票ちょっと増えただけで、議席は7つ増やして過半数をとった。
西谷　議員定数を減らして小選挙区制に近づけているから、こんな結果になるのですか？
冨田　それもあるし、投票率が下がったので、反維新がその分を減らしています。同じ50万票でも意味が違ってくる。
西谷　自民、立民、共産などがガクンと落としたわけですね。

冨田　それに加えて維新が候補者をたくさん出馬させた。でも得票は増えてません。候補者の間でうまく割っただけ。例えば定数5の選挙区に3人立てたけど、3人目が票を増やしたわけではない。上手に票割りをして滑り込ませただけ。

西谷　淀川区で開催された維新のタウンミーティングに出席しました。ここも定数5で3人立てた。「すごい強気やなー」と思ったけど上手に全員通してます。例えば港区は定数2で2人立てた。「お前ら、反維新をなめとんのか！　共倒れしろ」（苦笑）と思ったけど、共倒れどころか、下手したら議席を独占される可能性まであった。

冨田　候補者を1人から2人にしたから得票も倍増したというわけではない。繰り返すけど少しだけ伸ばしたけど、上手に割っただけ。

西谷　逆にいえば、自民、立民、共産、社民などが減らさなければ共倒れに追い込めて、「維新激減」もあった。

冨田　なんといっても投票率を上げることができなかったから。上がれば、固定票の威力が減りますから。投票率が50％を切ってしまえば、維新の絶対得票率が30％なので60％の票になります。圧勝しますよ。

西谷　次に大阪府議会について。維新は定数88で48議席だった。今回は定数79で55議席になった。逆に共産は2から1、立民も1に減った。次も組織戦になれば、完敗ですよね。

冨田　同じような選挙をするでしょう。維新は戸別訪問と電話だけ。街頭に出て政策の議論はしない。だから投票率を引き上げるための何らかの策がなければ勝てない選挙が続くでしょう。

維新を疑いだした人たちを、どうすくい取っていくか

西谷　素人考えですが、今回は「カジノの是非」があったでしょ？　前回は維新に入れた人でも「カジノは嫌だ」という人も多かった。「カジノに賛成か反対か」を前面に押し出せば投票率は上がるやろ、と思っていた。でもそんな単純なものではなかった？

冨田　維新をガチで支持している人々はカジノそのものにも賛成してます。その上で吉村や松井がカジノと経済成長を結びつけて語るので、自民党支持層のビジネスパーソンも「ええやないか」と感じた人もいたでしょう。「カジノで成長」は幻想なのですが、これに飛びつく人、期待する人の数の方が多いわけです。だから今回の吉村の得票は２４４万票。前回は２２７万票なので17万票くらい増やしてるんです。

西谷　横山ノックを超えたんです。史上最高得票なのかな？

冨田　絶対得票率でも前回31・41％から33・93％に増やしている。維新支持層は全部入れたと思うけど、加えて出口調査によれば自民党支持層の６割、公明党支持層の６割が入れたから、この数字になった。だから「たとえ経済成長したとしてもカジノはアカン」と考えている人を投票所まで連れて行くことができなかった。カジノは選挙の争点にはなったんだけど、反カジノを票にはでき

なかった。

西谷　「吉村さんはコロナで頑張ってる」という言説も。実際は大阪はコロナで一番たくさん亡くなったんやでと街頭で事実を訴えても、何となくのイメージがこびりついていた。でも実際に大阪がワーストだったんですから「あれ、吉村さんもおかしいな」と疑い出した人も増えているはずなんです。

冨田　そんな疑い出した人々をどうやってすくい取っていけるか。維新にうさん臭いものを感じ始めた人たちが増えた。だから「どうせまた維新やろ」とつぶやいた。「どうせまた維新やろ」と感じた人々は、もう維新が嫌なんです。でも投票には行かない。この現象をどうすれば覆せるか、ということです。

西谷　そうした人々にとっては「代わりになりそうな人」じゃなかったんですね、反維新が。対極になれなかった。つまりまだ魅力が足らないということですね。

冨田　はい。魅力を打ち出すことができていない。それとカジノですが、維新は「もう決まったことだ」というスタンスだったでしょ？

西谷　まだ国の認可は降りてませんでしたからね。

冨田　まだ認可されていないから知事や市長、特に大阪市長が変わればカジノは止められる。この事がどれくらい有権者に浸透していたか？　何となくメディアも含めて、大阪にカジノができる、という雰囲気がつくられていたわけでね。

西谷　本日は4月12日ですが、今日決まったんですよ。国は選挙結果を待っていた。結果出てからすぐに動いたんですよね。「選挙で止められる」と何度も何度も訴えていたのですが。

冨田　「もう過去のことだ」、みたいな雰囲気を維新が醸し出していました。カジノとはいわずにIRと言い続けてました。反維新が勝つためには「もう決まったこと」とあきらめている人をね、「どうせまた維新やろ」というつぶやきは、諦めてるわけでしょ？　「カジノは止められないんだろ」というあきらめを払拭しなければいけない。このように棄権する人たちに対して「自分たちが行けば変わるんだ」という希望を、どうしたら持ってもらえるのか？　ここが問われなければいけない。

絶望せずに、市民運動を盛り上げていこう

西谷　参考になるのが東京と大阪の違い。参議院選挙で東京は定数6で、なおかつ維新が弱い。山添拓（共産）、山本太郎（れいわ）、蓮舫（立民）が勝てそうだ、となって実際に有権者が選挙に行ってくれて投票率が56％（全国3位）に上がって3人とも当選した。大阪と兵庫は定数4で維新が2を取るなかで、ずっと立民と共産がバラバラに出して共倒れしてきた。有権者も「今度もアカンやろ」と選挙に行かなくなって投票率は50％そこそこ。大阪には「負けグセ」が付いてる？

冨田　「負けグセ」というより、この事実をどれだけ反省するか、だと思います。お互いに。い

や、立民と共産だけではなく、自民も。

西谷　自民もかなり減らしましたからね、大阪は。岸田内閣が軍事費を急増させたり、原発を再稼働させたり、ひどいじゃないですか。だから自民の批判票が維新に行ったという側面もあるのでは？

冨田　むしろ、棄権に回っているんです。維新は判で押したような票を出す。維新は24のうち15の行政区で1～2000票くらい増やしてますが微々たるもの。一部は自民党から流れてるとは思いますが、市議会選挙でのかつての自民票はほとんどが棄権したのでしょう。

西谷　軍事費倍増、消費税の増税、原発新増設などの悪政を批判する表は、本当なら共産、れいわ、社民、そして立民の一部議員に来ないといけません。ところがあまりにも小さな勢力なので通りそうもない。行き場を失った票がさまよっているという感じですか？

冨田　だから棄権するんです。「維新政治を止めよう！」と、こぞって投票に行く。そんな状況をつくらないとダメ。

西谷　これ権力者の側から見れば、維新はアベスガ政治に近かったので、まぁ与党のようなもの。維新が増えたらシメシメではないですか？

冨田　中央、永田町から見ればね。でも大阪の自民党は壊滅寸前。今後どうするんでしょう、大阪の自民党。

西谷　25年に万博があるでしょ、大手メディアと吉本興業が万博推進なので、おそらく維新の失政を隠して、今まで通り吉村、横山を出演させると思うんです。万博終わるまで2年間、維新を持ち上げる報道が続けば、反維新側にさらなるダメージが。

冨田　もともと在阪マスコミは維新の側にいますからね。

西谷　東京オリンピックがいい例で、オリンピックが終わるまで全く負の側面を報道しなかった。

冨田　終わってから騒ぎ始めましたね。万博も終了したら、いろんな不正やスキャンダルが出てくると思います。もうとっくの昔にカジノを巡っては、業者が出すと言ってた「公金」の投入や賃貸料の談合疑惑などが出てますけどね。万博に関しては、終わるまでは口をつぐんだままだろうなぁ。

西谷　万博で大赤字、カジノでさらなる「公金」投入。大阪は破産してしまいそうです。

冨田　一番怖いのはこの選挙で市長、知事、府議会、市議会が全部維新が取っちゃった。もう議論する余地がなくなるわけ。まさに独裁になりますね。

西谷　本来は「二元代表制」なので、首長が暴走しても議会が止めることができた。しかし今後は無理。

冨田　少なくとも今までは大阪市議会が防波堤になっていた。ここでも維新が過半数を占めたので、これからの4年間はブレーキなしの政治に。つまり、ものすごい大量得票で大勝利を収めたわけではないのに、政治的には非常に大きな勝利になった、維新にとってね。

西谷　この状況に絶望せずに、市民運動を盛り上げながら世論で取り囲むしかない。

冨田　そうです今後4年間はしんどいけど、一つひとついろんな問題を取り上げて、市民の力で追求を続ける以外にないのです。

西谷　カジノは国が認可したけれど、まだまだ止めるチャンスがあると思います。

冨田　はい。それにいろんな疑惑がある。知事や市長が身動き取れないように追い詰めることは可能ですよ。

西谷　賃料の談合疑惑で訴訟も始まるようですし、世論を盛り上げて行けば。

冨田　790億円の「公金」も、実際に地盤改良工事を始めたら何千億円にも膨らんでいく可能性があります。そんな事態になれば市民もだんだん分かってくるはず。議会がこれにストップをかけることはできないにしても、当初「税金入れない」と言ってたのに、3000億円、4000億円となってくれば、これを市民の力で問題にしていくことはできるはず。なので努力を惜しまず、抵抗していくことですよ。

次の選挙までに、いかにチャンスの芽を育てるか

西谷　その意味でも2か月後、6月4日投開票の堺市長選挙が気になります。4年前は維新の永藤英機候補と無所属の野村友昭候補がデッドヒート。僅差で維新が勝利しました。

冨田　永藤13万7000票、野村12万3000票と大接戦でしたね。

西谷　選挙前の世論調査では維新がダブルスコアで圧勝する勢いだったそうです。都構想に反対し、維新を批判していた竹山修身前市長が「政治とカネ」問題で失脚し辞職。維新に強烈な追い風が吹いていた。しかも前回破れたとはいえ、一定の知名度がある永藤候補が再出馬。対する野村候補は市議会議員でしたが、堺市全体では知名度不足で準備不足。ところが蓋を開けてみれば野村候補が猛追した。

冨田　あと1週間、選挙期間があれば追い抜いていた、ともいわれてましたね。それで参考になるのが今回の堺市議会議員選挙です。維新は堺区、東区、北区で得票を増やしていますが、中区、西区、南区で減らしている。全体では4年前の12万3379から12万2242と、1000票以上を減らしています（美原区は今回無投票なので美原区除く）。

西谷　維新が減らしてる？　珍しい現象ですね。大阪市24区では15対8で増やしたが、堺市は3対3で減らした。

冨田　議席数も伸びなかった。堺市では維新の限界が見えています。そして野村候補は4年間準備してきた。つまり堺市が今の大阪の希望なのです。もし野村さんが勝てば、議会も反維新が多数なので、堺市が防波堤になって大阪維新の暴走を止めることができます。

西谷　大阪市長に出た北野妙子は自民党を辞めて無所属で出馬。4年前の野村候補も自民党を辞めて無所属で出馬。つまり北野候補は今回の敗戦で諦めるのではなく、4年間路地裏を回って「カジノ反対」「都構想やめろ」と訴えれば、そして私たちが支えていけば、チャンスの芽が生まれてくる。

冨田　はい。北野さんが「その気」になってもらうためにも堺市で勝たないとダメです。

西谷　どちらも政令指定都市で巨大なので準備が必要。もし大阪都構想の住民投票、３回目が強行されて大阪市が特別区に分割されると、堺市や東大阪市、豊中市、吹田市などは「地続き」なので、住民投票をしなくても、「堺区」「東大阪区」「豊中区」になってしまう。堺市で反維新が勝てば、この事態は防ぐことができるわけですね。

冨田　「今後どうする?」と嘆くヒマもなく堺市長選挙が始まるわけで、カジノや都構想に反対する大阪府民は堺市民を応援して勝たせなければならない。そうなれば希望が見えてくる。

万博とカジノの問題が噴出する、これからの４年

西谷　それと今後のカジノ。汚職や夢洲の地盤沈下、血税投入などのいろんな問題が出てきます。万博にも「黒いウワサ」が出てきています。

冨田　東京五輪も終わってからいろんな犯罪が噴出しましたよね。

西谷　大阪万博は開催前、今から出てるんです。パビリオンの選定で「口利き」があったとか、なかったとか。入札も上手くいってません。

冨田　いろんなほころびが出てきます。維新は「万博とカジノで大阪を元気にする」と言ってますが、まず万博は大失敗するでしょう。

西谷　行きませんよ、大赤字になる。

冨田　夢洲という場所がどういうところかも明らかになる。税金がズブズブ投入されることも大問題になってくるだろうし、この4年間でいろんなことが明らかになってきます。維新のダメダメぶりが明らかになった時に、例えば北野候補がいて、彼女を推す超党派の市民が声を上げていける態勢を作り上げていけるかどうか？

西谷　堺市は4年間頑張ってきたわけです。「千人委員会」という市民の集まりをつくって、次こそ野村さんを市長にしよう、と募金も集めて。

冨田　過去に竹山前市長を押し上げた時からね

西谷　竹山さんは色々ありましたけどね（苦笑）。

冨田「維新とのたたかいは堺に学べ」と言ってきました。展望が見えてきましたね。

西谷　東京五輪が見事にコケて、大赤字だったでしょ。ただ五輪はテレビの放映権料が入る。万博はそれもないから入場料収入だけ。五輪以上の赤字になった時に誰が責任を取るのか？

冨田　そう、責任問題にできるかどうか、ですよね。市民の怒りの世論になるか、曖昧にされてしまうのか。

西谷「どうせまた維新やろ」とあきらめるのではなく、維新がこんなひどいことをしてるぞ、これは止めるべきだ、と声をあげるべきなんですよね。

冨田　あきらめてたらアカンで、「どうせまた維新やろ」ではなく、そのために何ができるか？　万博がどうなっていくのか、カジノは？　と、積極的に情報発信をして維新を追い詰めていかなきゃいけない。

西谷　そう考えて、「路上のラジオ」主催で大阪市長選挙の公開討論会を企画したんです。でも横山候補は欠席。ハナから参加するつもりはなかったんやろな、と思います。下手に出席してカジノのことを聞かれてほころびを見せるより、無視した方がいい。つまり「ずっと逃げまくっていた候補」が勝ってしまうということに、個人的にはメチャクチャ腹が立っているんです（苦笑）。

冨田　出てこない。でも勝てると計算できるのは、さっきからいってるように絶対得票率３割というしっかり整備された組織票があるから。確実な名簿があるから、ノコノコと討論会なんかに出ませんよ。攻撃されるようなところに（笑）。

西谷　維新にとってはアウェーやからね。

冨田　テレビの討論はさすがに出ます。知事選挙では何度かありました。仕方なく吉村候補が出て、カジノについて聞かれてましたね。彼らは議論したくないんですよ。

西谷　淀川区で開催された維新のタウンミーティングに参加したんです。テレビ討論会の直後だったので、吉村、支持者の前で怒ってましたよ。「ＩＲで、あいつら（辰巳、谷口候補）一方的な決めつけしやがって」と。だいぶ応えてたんですよ、ギャンブル依存症や夢洲地盤のことを聞かれたので。

冨田　今までテレビは吉村側にいたので、さすがに出演を断るわけにはいかなかったのでしょう。でも出るとどういうことになるか、彼らはわかってるんです。

西谷　「ギャンブル依存症対策をする」と吉村が言えば、辰巳が「じゃあ、つくらなければいい」（笑）。これほど分かりやすい理屈はない。

本当の民主主義は多数決ではなく熟議

冨田　維新は議論すること、熟議することを、そもそも否定するんです。なぜか？　それは市民を分断をして、維新を支持する市民に支えられて勝ってきたから。お互いに議論をすることができなくなる状態が分断ですから。

西谷　トランプ前大統領と似てますね。

冨田　はい、まさにアメリカで起こっていることと似ているんです。分断を支えにすれば、議論することが必要なくなる。議論して落とし所を探っていくという作業は、基本的に否定される。価値のないことになる。「多数決は究極の民主主義だ」と言ってたでしょ。

西谷　トオルちゃんがね。

冨田　でも本当の民主主義は熟議なんですよ。面白いのは読売新聞が選挙直後にインタビューしてきてね、その記者も心配してました。「民主主義は熟議のはず。でもその熟議が大阪から消えるのではないか、市長、知事、議会全てが維新になったので。これは大阪にとってマイナスですよね」と。かねてからの私の主張に読売新聞の記者が共感してくれました。

西谷　読売新聞の本体は維新と、つまり大阪府と包括協定を結んで万博、カジノ推進です。読売テレビも「たかじんのそこまで言って委員会」などで、ずっと応援団なのですが、心ある記者もいるわけですね。

冨田　心ある記者と私の一致点が、「民主主義の本質は熟議」だったんです。

西谷　まして首長は1人でしょ、反対意見、少数意見も含めて自治体がある。そこでは必ず話し合う必要があるわけです。

冨田　そして議会は熟議のためにあるわけです。

西谷　安倍元首相も街頭宣伝で「こんな人たちに負けるわけにはいかない」と絶叫してました。この10年ほど日本ではアベスガ政権という劣化した政治が続いてしまった。究極の劣化が維新政治だと言えますね

冨田　トランプと一緒。起訴されても支持率が上がっちゃうんだから（苦笑）。

西谷　逆手にとって（笑）。

自民党が劣化した地域に維新がはびこる

冨田　大阪はその世界に紙一重の状況。この状況を何とかして止める希望は堺市にある。

西谷　はい。堺市とは逆に、奈良県の知事選挙。自民分裂の漁夫の利で、なんと維新が勝ってしまった。

冨田　自民党の自滅。高市早苗の自滅ですよ。

西谷　そりゃイメージ悪いですよね、「捏造です」「質問しないでください」（笑）。国会でトンデモ答弁を連発。アベの尻馬に乗って放送局に圧力かけてたことがバレバレ。かといって、維新が勝ってしまうというのも。大手新聞の論調は「これで維新は全国政党への足がかりをつかんだ」となっています。政治的には大勝利した、と見るべきなんでしょうか？

冨田　道府県議選で言うと、67から124へ倍増させています。だけど増えたのが北海道で1、栃木で1、群馬で1とか。

西谷　東日本は健全（笑）。

冨田　西日本でも香川で1、愛媛で1

西谷　田舎は健全（笑）。

冨田　そう。自民党がしっかりしてる地域は増やせていない。一方、神奈川が0から6、京都が

2から9、兵庫が4から21、奈良が4から14、福岡が0から3。増えてるのは関西の都市部で、全国区になったわけでもない。これもメディアの印象操作でしょうね。政令指定都市では73が136に。横浜は0から8、川崎も0から7、神戸が10から15、京都が4から10。つまり京阪神と神奈川の現象なんです。

西谷　横浜は「カジノ反対市長」が当選しましたよね。それでも大都会では「維新的なもの＝新自由主義」が一定受け入れられている。

冨田　それに加えて都会では自民党が崩壊しつつある。つまり自民党の劣化が進むと、そこに維新が入ってくる。

西谷　新自由主義。いわゆる「勝ち組」が住んでいて、クビにならない公務員はリストラしろ、働かない生活保護受給者は切り捨てろ。「人口透析患者は今すぐ殺せ」と叫んだヤツもいましたね。

冨田　そんな新自由主義者が一定数いるのと、自民党自身の劣化。例えば京都の舞鶴市で維新が勝ったでしょ。舞鶴は多選批判ですよ、保守派のドンがずっと市長を続けていた。

西谷　奈良県もそうでした。官僚出身の荒井知事がずっと現職で。

冨田　自民党の劣化した体質がその地方で続いてしまうと、そこに維新が割って入ってくる。

西谷　本来なら自民党が劣化したことによる批判票は、立憲民主、共産、社民、れいわなど、反戦平和、格差是正、消費税減税、原発ゼロなどを訴える立憲野党に行かないとダメ。やはり野党もだらしないということでしょうか？

冨田　それもそうだし、元々の保守層は革新リベラルに入れるより、保守の維新を選んだんだと思います。保守の受け皿を維新が担ってしまう。奈良県は完全にそうでしょ。兵庫県も実質的には自民の分裂で維新系の知事に。自民の内輪もめで、維新や維新系の勢力が伸びてしまう。基本的には保守の中で弱肉強食の新自由主義的な保守が伸びるのか、社会保守と言ってますが寛容な、生活の底上げ、地域の多様性を大事にする伝統的な保守が伸びるのか。実際にはそのどちらもが劣化をする中で、統一が取れなくなり内紛が起きる。その間隙を維新が突いてくる。

市民と立憲野党の共闘こそ、これからの希望

西谷　岸田首相はハト派と言われる宏池会ですが、自民党のタカ派的な軍備増強路線を推進しています。つまり自民党の中で右翼が跋扈して「左バネ」が効いていない。

冨田　例えば20年横浜市長選挙は現職の林市長がカジノ推進、スガ首相（当時）は小此木を担いで分裂し、野党候補が勝ったでしょ。今回、神奈川県でなぜ維新が伸びたか？　それは自民党の劣化と内紛なんです。

西谷　あの時は「ハマのドン」、藤木さんが勝った。もうすぐ映画にもなりますが。もう一つの要因として、今の立憲民主党。泉健太代表がダメダメで、自民党と対決せず、旧民主党時代の野田佳彦や岡田克也など「もう終わった政治家」たちが臆面もなく出てくるでしょ。あのメンバーでは

自民の批判票はすくい取れません。

冨田　大阪も同じことが言えて、立民はリベラルの受け皿になれていない。

西谷　自称労働組合（苦笑）の「連合」芳野会長が自民党と会食したり、国葬に出たり。自民もグチャグチャ、立民もグチャグチャ。これで解散総選挙になれば立民は消滅するのではないか。困った事態になってますが、再度、市民と立憲野党が共闘するしかない。そして政権交代を目指す、希望の持てる選挙にしないとダメですね。

冨田　はい、大阪は特殊事情がありますが、全国的には総選挙で「市民と野党の再構築」を行わないといけません。

西谷　あきらめず、粘り強く。

冨田　今回吹田市の府議会議員選挙で、共産党の石川たえ候補が勝ちました。

西谷　大阪では唯一の共産党の議席です、野党共闘候補としてね。高槻市でも立民の野々上愛候補が野党共闘で勝利。悪いニュースばかりでもありませんでした。

冨田　市民と野党の共闘を成功させて、力を尽くせば希望が見えてくるということです。

西谷　はい、よく分かりました。この夏にも総選挙があるかも知れません。各地域でもう一度野党共闘を。今日はありがとうございました。

冨田　ありがとうございました。

※この対談は２０２３年４月12日に行われました。

初出一覧

はじめに
「維新政治の本質――その支持層についての一考察――」（『住民と自治』667号、自治体問題研究所、2018年11月）

序　章
「『大阪維新の会』の組織と活動――『組織されたポピュリズム』の虚像と実像」――（『市政研究』2022年冬号、大阪市政調査会、2022年1月）

第1章
「維新政治と『大阪都構想』」（冨田宏治、森裕之、中山徹他『大阪市解体　それでいいのですか？――大阪都構想　批判と対案――』、自治体研究社、2015年3月刊）

第2章
「住民投票から見えたこと」（宮本憲一、冨田宏治、中山徹他『2015年秋から　大阪の都市政策を問う』、自治体研究社、2015年9月）

第3章
「大阪ダブル選挙の投票結果から読み取れること」（『おおさかの住民と自治』447号、大阪自治体問

題研究所、2016年2月）

第4章

「都構想をめぐる問題の本質——『維新政治』は大阪に何をもたらしたか？」（冨田宏治、梶哲教、森裕之他『初歩から分かる総合区・特別区・合区』、自治体研究社、2017年7月）

第5章

「維新政治の席捲と労働組合攻撃——なぜ公務員労組は狙い撃ちにされたのか」（『労働法律旬報』1896号、旬報社、2017年9月）

第6章

「分析　大阪府市クロス選」（『住民と自治』675号、自治体問題研究所、2019年7月）

第7章

「『都構想』よりコロナ対策やろ！」の声を——大阪維新〝吉村人気〟の虚像と実像——」（『保団連近畿ブロックニュース』、全国保険医団体協議会近畿ブロック、2020年9月）

第8章

「『都構想』をめぐるパワーゲーム——市民不在の政治劇を斬る——」（『表現者クライテリオン』93号、啓文社書房、2020年10月）

第9章

「『大阪市廃止構想』への二度目の審判」（『人権21　調査と研究』268号、おかやま人権研究センター、

２０２１年1月）

第10章
「コロナ禍が暴きだした維新の正体」（『月刊民商』７３４号、全国商工団体連合会、２０２１年7月）

第11章
「維新躍進の謎を解明する――ジャーナリスト・西谷文和氏との対談――」（西谷文和編『自公の罪 維新の毒 次こそ政権交代。７つの解毒剤』、日本機関紙出版センター、２０２１年12月）

おわりに
本書書き下ろし

補論①
「〝維新躍進〟の虚像と実像」（『月刊社会主義』２０２３年8月号）

補論②
「４年後の選挙に向けて、今からが勝負」（西谷文和『打倒維新へあきらめへん』せせらぎ出版、２０２３年7月）

著者略歴

冨田宏治（とみだ　こうじ）
1959年生まれ。関西学院大学法学部教授。日本政治思想史。2006年より原水爆禁止世界大会起草委員長。著書に『今よみがえる丸山眞男――「開かれた社会」への政治思想入門』（あけび書房、2021年）、『核兵器禁止条約の意義と課題』（かもがわ出版、2017年）、『丸山眞男――「近代主義」の射程』（関西学院大学出版会、2001年）、『丸山眞男――「古層論」の射程』（同、2015年）など多数。

増補版・維新政治の本質
組織化されたポピュリズムの虚像と実像

2023年12月8日　第1刷発行

著　者　冨田宏治
発行者　岡林信一
発行所　あけび書房株式会社
〒120-0015　東京都足立区足立1-10-9-703
☎ 03. 5888. 4142　FAX 03. 5888. 4448
info@akebishobo.com　https://akebishobo.com
印刷・製本／モリモト印刷

ISBN　978-4-87154-244-9　C3031　￥1800E